AF275218

GRACIAS POR CONFIAR EN COLEX

Disfrute gratuitamente **DURANTE UN AÑO** de los eBook, audiolibros y Colex Copilot de las obras de Editorial Colex*

ACTIVA TU CÓDIGO PARA ACCEDER A LOS SERVICIOS

1. Accede a **www.colex.es**.

2. Inicia sesión o regístrate como usuario.

3. Dirígete al menú de usuario y haz clic en **«Mis códigos»**.

4. Introduce el siguiente código **(RASCA PARA VER EL CÓDIGO)**:

◆ Una vez se valide el código, aparecerá una ventana de confirmación y su eBook / audiolibro / Colex copilot estarán activos **durante 1 año desde su activación** en la pestaña «Mis libros» en el menú de usuario.

* Los audiolibros están disponibles en las ediciones más recientes de nuestras obras. Se excluyen expresamente las colecciones «Códigos comentados», «Biblioteca digital» y los productos de www.vademecumlegal.es. Colex Copilot únicamente está disponible en las ediciones más recientes de las colecciones «Paso a paso» y «Vademecum».

No se admitirá la devolución si el código promocional ha sido manipulado y/o utilizado.

¡Gracias por confiar en nosotros!

La obra que acaba de adquirir incluye de forma gratuita la versión electrónica.

Acceda a nuestra página web para aprovechar todas las funcionalidades de las que dispone en nuestro lector.

Funcionalidades eBook

Acceso desde cualquier dispositivo con conexión a internet

Idéntica visualización a la edición de papel

Navegación intuitiva

Tamaño del texto adaptable

Síguenos en:

NUEVA FUNCIONALIDAD CON INTELIGENCIA ARTIFICIAL EN LOS LIBROS DE COLEX

| Una cortesía de Iberley.es |

En Colex damos un paso más en innovación jurídica. Desde ahora, las guías «Paso a paso» y los «Vademecum» incorporan una nueva funcionalidad basada en **inteligencia artificial**, gracias a la tecnología de **Iberley IA**.

El lector podrá interactuar directamente con el contenido del libro de forma inmediata, útil y centrada exclusivamente en su materia.

☑ **¿Qué puede hacer el usuario en el libro?**

💬 Realizar preguntas sobre el contenido del libro.

📚 Solicitar explicaciones de artículos, conceptos o normativa.

✳ Utilizar un ChatBot inteligente, contextualizado y acoplado al contenido legal del libro.

💡 Resolver dudas puntuales mientras se estudia o trabaja con la obra.

☒ **¿Qué no puede hacer esta versión del ChatBot?**

✗ No permite generar escritos jurídicos.

✗ No analiza ni responde documentos externos.

✗ No responde a consultas de otras materias distintas a la del libro.

Esta herramienta está pensada para enriquecer la experiencia de lectura y consulta del libro. Su uso es exclusivo sobre su contenido.

¿QUIERES IR MÁS ALLÁ? DESCUBRE IBERLEY IA

Si necesitas una **solución avanzada de inteligencia legal**, con cobertura total de materias y documentos, entra en **www.iberley.es** y accede a todas las funcionalidades profesionales:

CUADRO SIMBÓLICO DE FUNCIONALIDADES		
Funcionalidad	**En los libros Colex**	**En Iberley.es**
Preguntar sobre el contenido del libro	✓	✓
Solicitar explicaciones jurídicas	✓	✓
ChatBot integrado al contenido del libro	✓	✓
Consultas sobre otras materias	✗	✓
Análisis de documentos externos	✗	✓
Generación de escritos jurídicos	✗	✓
Traducción jurídica	✗	✓
Informes y resúmenes legales automáticos	✗	✓
Contratos, guías prácticas y emails para clientes	✗	✓
Estrategias judiciales y jurisprudencia instantánea	✗	✓

CÓMO CALCULAR EL FINIQUITO

Guía completa sobre el cálculo del finiquito
ante despido, baja o fin de contrato

CÓMO CALCULAR EL FINIQUITO

Guía completa sobre el cálculo del finiquito
ante despido, baja o fin de contrato

EDICIÓN 2026

**Obra realizada por el Departamento de
Documentación de Iberley**

COLEX 2026

© Editorial Colex, S.L.
Calle Costa Rica, número 5, 3° B (local comercial)
A Coruña, C.P. 15004
info@colex.es
www.colex.es

I.S.B.N.: 979-13-7011-667-5
Depósito legal: C 384-2026

SUMARIO

ANEXO II. FORMULARIOS

0.
INTRODUCCIÓN

La extinción del contrato de trabajo constituye uno de los momentos de mayor tensión entre la autonomía de la voluntad de las partes y el carácter tuitivo del Derecho del Trabajo. En ese contexto, el **documento de saldo y finiquito** y, en general, los **acuerdos extintivos**, cumplen una función clave: formalizan el cierre de la relación y, frecuentemente, incorporan transacciones complejas sobre cantidades debidas, renuncias y compensaciones adicionales.

El concepto de finiquito no aparece en las normas a pesar de que se utiliza con gran frecuencia en el seno de las relaciones laborales. El Diccionario de la Real Academia Española lo define como *«remate de cuentas o certificación que se da para constancia de que están ajustadas y satisfecho el alcance que resulta de ellas»* (STS, rec. 1163/2010, de 11 de noviembre de 2010, ECLI:ES:TS:2010:6562).

A la hora de **entender el concepto** se pueden distinguir **dos aspectos claramente diferenciados**, el extintivo y el liquidatorio. El finiquito comprende:

- **Aspecto extintivo:** incluye la declaración de que el contrato laboral ha quedado extinguido, generalmente por mutuo acuerdo entre el trabajador y el empresario. Aunque tradicionalmente se utilizaba para formalizar la finalización de la relación laboral por mutuo acuerdo, actualmente el término se ha ampliado para abarcar cualquier forma de extinción de la relación laboral que implique un acuerdo entre ambas partes. Esto incluye despidos disciplinarios, despidos objetivos, bajas voluntarias, jubilaciones, EREs, entre otros.

- **Aspecto liquidatorio:** contiene la liquidación de las cantidades pendientes de abono derivadas de la relación laboral. Estas cantidades pueden incluir conceptos salariales (como salarios pendientes, pagas extras, vacaciones no disfrutadas) o conceptos extrasalariales. El finiquito también puede servir como recibo acreditativo de que se ha abonado efectivamente la cantidad consignada en el documento. Por ello, suele incluir expresiones como *«en prueba de recibirlo firma (...)»*, *«recibí»*, o *«no teniendo nada más que pedir ni reclamar»*.

El finiquito constituye, por tanto, el **documento que formaliza la finalización de la relación laboral entre trabajador y empresario con ocasión de la extinción del contrato de trabajo, ya obedezca esta a mutuo acuerdo, despido, dimisión del trabajador, jubilación u otras causas previstas** en el artículo

49 del Estatuto de los Trabajadores. A través de dicho documento se procede al ajuste y liquidación de las obligaciones económicas derivadas del vínculo laboral y, con carácter general, su firma implica la declaración del trabajador de que la empresa no le adeuda cantidad alguna.

Desde la **perspectiva jurídica**, el finiquito cumple una **doble función:** de un lado, actúa como **instrumento de liquidación de haberes y conceptos pendientes a la fecha de extinción;** de otro, puede operar como **manifestación de voluntad extintiva y como negocio con eventual eficacia liberatoria respecto de futuras reclamaciones**, en la medida en que refleje de forma válida y consciente el consentimiento de las partes. Por ello, resulta esencial determinar su contenido típico, el alcance de su valor liberatorio, las circunstancias que pueden privarle de eficacia y las garantías que asisten al trabajador en su firma, entrega, impugnación y frente a supuestos de falsedad o alteración del documento.

En los apartados siguientes se abordará, de forma sistemática, la definición y características del finiquito, los criterios para el cálculo de las distintas partidas que lo integran, su valor liberatorio y sus límites, las exigencias relativas a la firma y a los plazos de entrega, así como el tratamiento jurídico de los supuestos de falsedad, alteración o firma en blanco, todo ello a la luz de la normativa laboral aplicable y de la doctrina jurisprudencial más relevante.

1.
DEFINICIÓN Y CARACTERÍSTICAS DEL FINIQUITO

El finiquito es un documento que pone fin a la relación laboral entre el trabajador y el empresario debido a la extinción del contrato de trabajo. Esta extinción puede darse por diversas causas, como mutuo acuerdo, despido, dimisión, jubilación u otras previstas en el artículo 49 del Estatuto de los Trabajadores (ET). (STS, rec. 4977/1998, de 28 de febrero de 2000, ECLI:ES:TS:2000:1542; STS, rec. 475/2009, de 10 de noviembre, ECLI:ES:TS:2009:7939 y STS, rec. 1163/2010, de 11 de noviembre, ECLI:ES:TS:2010:6562).

Este documento **no requiere una forma específica para ser válido y su contenido puede variar.** Generalmente, el finiquito puede incluir:

- **Liquidación de obligaciones:** se refiere al pago de las cantidades pendientes derivadas de la relación laboral, como salarios o conceptos extralaborales. En este caso, el trabajador declara que, tras recibir la cantidad indicada, no tiene reclamaciones pendientes contra el empleador.

- **Extinción de la relación laboral:** representa el acuerdo mutuo entre las partes para finalizar el contrato, lo que implica un consentimiento libre y consciente, sin vicios que lo invaliden [art. 1262 del Código Civil]. Para que el finiquito tenga efecto extintivo, debe reflejar claramente la voluntad del trabajador de extinguir la relación laboral, un acuerdo mutuo o una transacción aceptando el cese decidido por el empresario. (STS, rec. 1956/2012, de 13 de mayo de 2013, ECLI:ES:TS:2013:2961).

El finiquito también puede incluir una **declaración de las partes indicando que no se deben nada entre sí y renunciando a cualquier acción de reclamación.** Sin embargo, esta renuncia no puede afectar derechos reconocidos por disposiciones legales de carácter necesario o convenios colectivos. Además, el finiquito puede cumplir una función transaccional para resolver conflictos laborales, siempre que el acuerdo sea claro y específico respecto al objeto de la controversia.

Por último, el finiquito está **sujeto a control judicial,** que puede invalidar si se detectan defectos esenciales en la declaración de voluntad, falta de objeto cierto, o si contraviene normas imperativas, el orden público o perjudica a terceros. Las fórmulas utilizadas en el finiquito deben interpretarse conforme a las reglas de los contratos del Código Civil, priorizando la intención de las partes sobre las palabras empleadas. En materia de finiquitos podemos resumir la doctrina jurisprudencial para reconocer el valor liberatorio del finiquito firmado por las partes y extinguida la obligación de pago en los siguientes puntos (STSJ de Madrid, rec. 856/2024, de 31 de enero del 2025, ECLI:ES:TSJM:2025:937 y STS, rec. 2253/2013, de 3 de diciembre de 2014):

Identificación	Tradicionalmente, el finiquito formaliza la finalización de la relación laboral por acuerdo mutuo o baja voluntaria del trabajador. Actualmente, también se acepta para otras formas de extinción, como tras un despido objetivo, donde se refleja el acuerdo entre las partes. Su función es plasmar el entendimiento de que no quedan obligaciones pendientes al concluir la relación laboral.
Eficacia liberatoria	El valor liberatorio del finiquito depende de la claridad de la voluntad expresada y la ausencia de vicios en su formación. La jurisprudencia establece que un finiquito puede ser liberatorio si refleja claramente la aceptación de la extinción del contrato, pero puede perder esta eficacia si hay defectos esenciales en dicho acuerdo o si se presenta una obligación que nace posteriormente a la firma del finiquito.
Efecto extintivo	Para que el finiquito produzca el efecto extintivo del contrato, debe expresar una voluntad clara e inequívoca del trabajador de dar por finalizada la relación laboral. Es necesario que indique si hay un acuerdo mutuo o si se acepta la extinción por parte del trabajador, así como los conceptos a liquidar por el empleador.
Control judicial	El finiquito está sujeto a control judicial, que examina la existencia de un acuerdo mutuo y los elementos esenciales del pacto. Este control implica que, si se demuestra la existencia de defectos en la voluntad expresada, el finiquito puede perder su eficacia liberatoria y extintiva.
Reglas interpretativas	Las cláusulas del finiquito deben interpretarse a partir de la voluntad real de las partes. La falta de claridad en la redacción puede conllevar a que el finiquito no cumpla su función liberatoria y extintiva, lo que significa que su eficacia no será considerada automática, sino que deberá ser evaluada en función del contexto y las intenciones de los firmantes.

RESOLUCIONES RELEVANTES

STSJ País Vasco, rec. 1684/2014, de 7 de octubre, ECLI:ES:TSJPV:2014:3254 y STSJ de País Vasco n.º 1778/2013, 15 de octubre, ECLI:ES:TSJPV:2013:2668

A propósito del valor liberatorio del documento de finiquito, destacan:

1) Está supeditado al alcance de la declaración de voluntad que incorpora y de la ausencia de vicios en la formación y expresión de ésta.

2) Se trata de una simple constancia y conformidad a una liquidación de lo que es aceptación de la extinción de la relación laboral.

3) En el momento en que suele procederse a esta declaración –coincidiendo con la extinción del contrato de trabajo– existe un riesgo importante de que estos dos aspectos se confundan, especialmente cuando la iniciativa de la extinción ha correspondido al empresario.

4) La ejecutividad de esta decisión, con su efecto inmediato de cese de las prestaciones básicas del contrato de trabajo, lleva a que la aceptación del pago de la liquidación de conceptos pendientes (normalmente, las partes proporcionales devengadas de conceptos de periodicidad superior a la mensual, pero también otros conceptos) coincida con el cese y pueda confundirse con la aceptación de éste.

5) La aceptación de estos pagos ante una decisión extintiva empresarial no supone conformidad con esa decisión, aunque la firma del documento parta de que se ha producido esa decisión y de sus efectos reales sobre el vínculo.

6) Para que el finiquito suponga aceptación de la extinción del contrato debería incorporar una voluntad unilateral del trabajador de extinguir la relación, un mutuo acuerdo sobre la extinción o una transacción en la que se acepte el cese acordado por el empresario.

Normativa reguladora

La base jurídica esencial de la figura del finiquito la encontramos, junto a la doctrina jurisprudencial en la materia, en:

‖ Estatuto de los Trabajadores

- Art. 3.5 del ET: prohíbe la renuncia de derechos reconocidos por normas de derecho necesario o convenios colectivos.
- Art. 49.1.a) y d) del ET: posibilidad de extinción por voluntad del trabajador y por mutuo acuerdo, pero dentro de los límites legales.
- Art. 54 y 55 del ET: regulación del despido disciplinario.
- Art. 56 del ET: efectos del despido improcedente y derecho a indemnización.

‖ Código Civil:

- Art. 1256 del CC: nulidad del contrato cuyo cumplimiento queda al arbitrio de una parte.
- Art. 1261 y 1262 del CC: requisitos esenciales del contrato (consentimiento, objeto, causa) y formación del consentimiento.
- Art. 1281 y 1289 del CC: reglas de interpretación, prevalencia de la intención sobre las palabras y exclusión de casos no contemplados.
- Art. 1809 y 1815 del CC: concepto de transacción y necesidad de objeto cierto y determinado.

‖ 1. ¿Cuál es la diferencia entre finiquito e indemnización?

El finiquito, como iremos desgranando a lo largo de la obra es el conjunto: el documento y la liquidación completa de todos los conceptos debidos con ocasión de la extinción del contrato. **La indemnización en caso de despido, por tanto, es solo uno de esos conceptos económicos**, específicamente ligado al tipo de extinción y a la normativa aplicable (por ejemplo, despido improcedente, finalización de contrato temporal, etc.).

Concepto	Diferencia
Finiquito	• Es un **documento global de liquidación y cierre** de la relación laboral. • Recoge *todas las cantidades devengadas y no cobradas hasta la fecha de cese:* » Salario pendiente de los últimos días trabajados. » Parte proporcional de pagas extraordinarias. » Vacaciones no disfrutadas. » Percepciones no salariales adeudadas. » Otras pagas, beneficios o incentivos. » Indemnizaciones (si proceden). • Tiene también una **función declarativa y liberatoria:** normalmente contiene la manifestación de que con esas cantidades las partes no tienen nada más que reclamarse. • Su **valor liberatorio** (que realmente cierre cualquier reclamación futura) depende de: » El alcance concreto de la declaración de voluntad que incorpora. » Que no existan vicios en el consentimiento. » Que no afecte a derechos irrenunciables ni encubra fraude, abuso de derecho, etc.
Indemnización	En cambio, la **indemnización** es solo **uno de los posibles conceptos económicos** que pueden aparecer dentro del finiquito: Es una **cantidad concreta** que se abona por determinadas causas de extinción (por ejemplo, ciertos despidos, algunos contratos temporales a su finalización, indemnizaciones por traslado, suspensión o despido, etc.). El tema la menciona dentro del apartado de lo que puede incluir el finiquito: • Como **indemnización por despido o extinción.** • O como **percepción no salarial** (cuando así corresponda), excluida de cotización dentro de los límites legales.

CUESTIÓN

¿Puede haber finiquito sin indemnización?

Sí. Por ejemplo, dimisión del trabajador o algunas extinciones en las que no proceda indemnización. No obstante, el finiquito deberá contener la liquidación de salarios, pagas extras, vacaciones, etc.

‖ 2. ¿Cuál es la diferencia entre finiquito y un acuerdo transaccional?

En abstracto, son figuras distintas, aunque **en la práctica podrían llegar a «mezclarse» en un mismo documento.**

Un **acuerdo transaccional** es un pacto de negociación para resolver un conflicto o evitar un pleito. Este documento implica **concesiones recíprocas** (por ejemplo, el trabajador acepta no demandar a cambio de una indemnización concreta).

Concepto	Diferencia
Finiquito	Se trata de un **documento de liquidación y saldo:** • Recoge las cantidades pendientes (salarios, pagas extra, vacaciones, indemnización, etc.). • El trabajador firma y **reconoce haberlas cobrado.** • Suele incluir la afirmación de que "nada más tiene que reclamar" por la relación laboral. Su función principal es **cerrar cuentas al terminar la relación laboral.** En sí mismo **no siempre implica una verdadera negociación de conflicto**: a veces el empresario presenta un modelo estándar y el trabajador lo firma.
Acuerdo transaccional	Es un pacto mediante el cual las partes evitan o ponen fin a un conflicto (o a una duda) cediendo cada una en algo (art. 1809 y ss. CC). Su función es plasmar la existencia de una negociación «cerrando» un litigio real o potencial, normalmente a cambio de un pago o de alguna concesión. Requisitos clave: • Debe existir un derecho controvertido o problemático (por ejemplo: si es despido o baja voluntaria; si procede más indemnización; si hay horas extra, etc.). • El objeto de la transacción debe estar claramente concretado (no vale una renuncia genérica a todo sin relación con el conflicto concreto).

CUESTIÓN

¿Un acuerdo transaccional puede terminar un conflicto y a la vez realizar la función de finiquito?

Sí. Nada impide que un mismo documento sea un acuerdo transaccional que cierra la controversia (por ejemplo, sobre cómo se califica la extinción, cuánto se paga, etc.) e incluye la renuncia del trabajador a acciones judiciales sobre ese conflicto y, al mismo tiempo, actúe como finiquito al recoger todas las cantidades debidas (haberes pendientes e indemnizaciones) y la declaración del trabajador de que las ha percibido y que no queda saldo pendiente.

Como un ejemplo claro de lo analizado podemos citar la STSJ de Andalucía, rec. 2121/2023, de 12 de septiembre del 2025, ECLI:ES:TSJAND:2025:15078. En este fallo el tribunal entiende que el documento tiene ambas funciones y, al no apreciarse vicio de consentimiento, le reconoce **pleno valor liberatorio**: da por válida la extinción y cierra la vía para que la trabajadora discuta el despido.

3. ¿Cuál es la diferencia entre la propuesta de liquidación (art. 49.2 del ET) y el finiquito firmado por el trabajador?

La propuesta de liquidación es el desglose previo y obligatorio que el empresario debe entregar con el preaviso de extinción (informativa y revisable), mientras que el finiquito es el documento final que firma el trabajador, que puede tener efecto liberatorio para la empresa si respeta las formalidades legales y convencionales y se han observado las garantías del art. 49.2 del ET.

Concepto	Diferencia
Finiquito	Es un documento contractual/declarativo firmado por el trabajador.
	Puede constituir prueba de pago y, si se cumplen garantías y formalidades, título liberatorio para la empresa respecto de las cantidades y conceptos que en él se reconocen y se dan por saldados.
	El trabajador puede exigir la presencia de un representante legal de los trabajadores en el acto de firma. La falta de respeto a esta garantía, cuando el trabajador la ha ejercido, puede determinar la nulidad del finiquito.
Propuesta	Es una obligación formal del empresario (art. 49.2 del ET).
	Tiene carácter informativo y preparatorio. No cierra la vía de reclamación; es un cálculo que el trabajador puede impugnar. Sirve como referencia para discutir errores de cuantía o de conceptos.
	Por sí sola no implica necesariamente aceptación, renuncia ni transacción por parte del trabajador.
	Debe entregarse con un margen que permita al trabajador asesorarse.

4. ¿Cuál es la diferencia entre el finiquito y la indemnización por falta de preaviso en caso de extinción de la relación laboral?

Al igual que sucede en la indemnización por despido, **la indemnización por falta de preaviso es una partida más dentro del finiquito**, que se paga cuando la empresa no concede los días de preaviso a los que está obligada (por ejemplo, en un despido objetivo sin preaviso o con preaviso insuficiente).

Concepto	Diferencia
Finiquito	Es el conjunto de todas las cantidades finales que la empresa debe al trabajador al terminar el contrato (salarios, vacaciones, pagas extra, y, en su caso, indemnizaciones).
Indemnización por falta de preaviso	Es solo una partida más dentro del finiquito. Corresponde con la cantidad concreta y separada que la empresa debe pagar solo si no respeta el plazo de preaviso cuando extingue el contrato por causas objetivas (art. 53 del ET). En determinados despidos la empresa debe dar 15 días de preaviso: si no lo cumple, debe pagar al trabajador el salario correspondiente a esos días como indemnización sustitutoria del preaviso.

CUESTIONES

Si es el trabajador el que no cumple con el plazo de preaviso en caso de dimisión, ¿la empresa puede descontar en el finiquito las cantidades por este concepto?

Sí, la empresa puede descontar en el finiquito los días de preaviso que el trabajador no haya cumplido, pero con condiciones:

a) Debe existir obligación de preaviso y consecuencia económica clara

» Normalmente en el convenio colectivo o, en ocasiones, en el propio contrato.

» La empresa no puede inventarse el descuento si no hay base convencional/contractual.

b) Información al trabajador

La STSJ de Madrid, rec. 464/2024, de 20 de noviembre de 2024, ECLI:ES:TSJM:2024:14280 exige que el trabajador haya sido informado por escrito de:

» El plazo de preaviso en caso de baja voluntaria.

» Y las consecuencias económicas de no cumplirlo.

» Si no se informa de forma clara, los tribunales pueden anular el descuento y obligar a devolver lo detraído.

c) Límites generales a los descuentos salariales

Aunque no haya una regulación específica en Estatuto para este caso, los descuentos no pueden hacerse de forma arbitraria:

» Debe existir deuda real del trabajador (ej. días de preaviso que debía y no cumplió, si así lo prevé el convenio).

» Y el descuento debe respetar la normativa sobre irrenunciabilidad de derechos salariales y, si es muy discutible, puede ser objeto de reclamación judicial.

2.
MOTIVOS DE EXTINCIÓN DE LA RELACIÓN LABORAL Y SU IMPACTO EN EL CÁLCULO DEL FINIQUITO

El artículo 49 del Estatuto de los Trabajadores (ET) establece **diversas causas de extinción de la relación laboral,** cada una con implicaciones específicas en el cálculo del finiquito. A continuación, se explican las principales causas de extinción y su relación con el finiquito:

1. Extinción del contrato por mutuo acuerdo de las partes

La extinción del contrato de trabajo por mutuo acuerdo requiere consentimiento libre, preferencia por documento escrito y no da derecho a desempleo. En este supuesto las partes contratantes ponen fin a la relación laboral de forma voluntaria y establecen libremente las condiciones de la extinción. Salvo que las partes acuerden lo contrario, el trabajador no tendrá derecho a indemnización alguna (art. 49 del ET).

Por ser voluntaria esta forma de extinción, el trabajador no se encuentra en situación legal de desempleo, ni, en consecuencia, es acreedor de las prestaciones correspondientes.

La forma escrita en la extinción del contrato por mutuo acuerdo cumple una función garantista para ambas partes. Para la empresa, ofrece un instrumento probatorio sólido frente a eventuales impugnaciones del cese, reclamaciones salariales sobrevenidas o discrepancias fiscales y de Seguridad Social. Para el trabajador, supone una herramienta de transparencia y de seguridad, en la medida en que le permite conocer exactamente qué derechos liquida, qué cantidades percibe y en qué fecha se produce efectivamente su desvinculación, reduciendo la incertidumbre y el riesgo de que, a posteriori, se alteren unilateralmente las condiciones pactadas. Por todo ello, aunque el ordenamiento no imponga de manera expresa una forma *ad solemnitatem* para el mutuo acuerdo extintivo, la experiencia práctica y la prudencia jurídica aconsejan tratar el documento escrito no como una mera conveniencia, sino como una auténtica necesidad en la correcta articulación de esta causa de extinción contractual.

Se equipara al mutuo acuerdo:

a) La dimisión del trabajador aceptada por el empresario. El apdo. 1.d) del art. 49 del ET, exige que se exteriorice la voluntad extintiva, tanto de forma expresa, por manifestación verbal o escrita, como de modo tácito, deducida de actos o hechos demostrativos del inequívoco propósito de resolver la relación laboral, evidenciando una inequívoca, clara y terminante voluntad de abandonar el puesto de trabajo.

Esa voluntad ha de recaer sobre el mismo objeto: la extinción del contrato, no meros cambios de condiciones o decisiones unilaterales encubiertas. La jurisprudencia reciente (por ejemplo, TSJ Cataluña 15-04-2019, Rec. 513/2019) subraya que no hay mutuo acuerdo cuando:

- Es la empresa quien decide unilateralmente la extinción.
- No consta una aceptación clara del trabajador, o este firma la documentación «no conforme».

b) El pacto de prejubilación alcanzado con la empresa, en el que se regulan las compensaciones que va a percibir el trabajador por su cese anticipado. La STSJ de Cataluña, rec. 2212/2009, de 11 de mayo de 2010, ECLI:ES:TSJCAT:2010:5162, ilustra que el mutuo acuerdo no es solo un consentimiento formal, sino un verdadero pacto de extinción con contenido negocial entre las partes:

- Se negocia expresamente la salida anticipada del trabajador.
- Se fijan las compensaciones económicas o complementos hasta la jubilación.

c) Ausencia de vicios en el consentimiento. El consentimiento de ambas partes ha de ser libre y consciente, sin: error relevante, violencia, intimidación o dolo. La jurisprudencia niega la existencia de mutuo acuerdo cuando la empresa impone la decisión refuerza esta exigencia de un consentimiento real y no meramente formal del trabajador. Si el trabajador se ve forzado a aceptar un documento de extinción predispuesto por la empresa bajo amenaza de consecuencias graves (por ejemplo, la pérdida inmediata de salarios, bloqueo de finiquito, etc.), o firma sin comprender el alcance de lo que suscribe, podría desvirtuarse el verdadero mutuo acuerdo y calificarse la extinción como despido.

RESOLUCIONES RELEVANTES

STSJ de Cataluña, rec. 1808/2001, de 3 de julio del 2001, ECLI:ES:TSJCAT:2001:8584

No hay dimisión ni renuncia voluntaria de la trabajadora. El Tribunal concluye que no hay voluntad de extinguir el contrato, sino de mantenerlo (aunque en otra situación: excedencia).

CUESTIÓN

¿Qué no debe ser el finiquito en este contexto?

Aplicando la doctrina en la materia el finiquito no debe ser simplemente un papel redactado por la empresa después de que ésta ya haya decidido unilateralmente el despido, para que el trabajador renuncie a demandar, sin recibir nada a cambio. Del mismo modo, no debe contener renuncias genéricas e ilimitadas a "cualquier acción presente o futura" desvinculadas del concreto acuerdo extintivo y de las cantidades arregladas.

Si el contrato ya está extinguido por despido y el trabajador firma solo un texto de "saldado y finiquitado" sin negociación ni concesión empresarial, eso no es mutuo acuerdo extintivo, sino una renuncia a la acción, que puede ser inválida (como declara la STS, rec 4347/2011, de 26 de febrero de 2013, ECLI:ES:TS:2013:1504).

2. Despido

El despido puede ser disciplinario, objetivo o colectivo. En el caso de despido disciplinario, el trabajador no tiene derecho a indemnización, pero sí al finiquito que incluye los conceptos pendientes. En los despidos objetivos o colectivos, además del finiquito, el trabajador tiene derecho a una indemnización legalmente establecida (20 días de salario por año trabajado en despidos objetivos y la pactada en despidos colectivos).

El finiquito debe reflejar claramente las cantidades adeudadas y la indemnización correspondiente según el tipo de despido

El cálculo de la indemnización por despido ha resultado dudoso históricamente tanto por la inclusión de determinados conceptos dentro de su módulo como por las diversas cantidades cambiadas por la reforma laboral de 2012, de este modo, siempre teniendo presente el esquema:

> Indemnización = n.º de días (dependiendo del tipo de despido/extinción) x salario diario x años trabajados.

JURISPRUDENCIA

STS, rec. 3230/2017, de 25 de febrero de 2020, ECLI:ES:TS:2005:6537

Despido en año bisiesto. En caso de año bisiesto el cálculo de la indemnización se realiza dividiendo el salario anualizado por 365 días y no por 366 días.

«(...) no procede tener en cuenta que el despido se haya producido en año bisiesto, sino que el importe anual percibido debe dividirse entre 365, como de ordinario».

STS rec. 562/2013, de 6 de mayo de 2014, ECLI:ES:TS:2014:2125

Cómputo del periodo de servicios a efectos del cálculo de la indemnización: prorrateo por meses completos. El prorrateo de los días que excedan de un mes completo se computará como si la prestación de servicios se hubiera efectuado durante toda la mensualidad.

Las indemnizaciones a tener en cuenta, **en función del tipo del contrato y la declaración judicial que sobre su extinción se realice,** son:

TIPO DE DESPIDO	INDEMNIZACIÓN	MÁXIMO
DESPIDO IMPROCEDENTE	33 días por año de servicio	24 mensualidades
DESPIDO OBJETIVO	20 días por año de servicio	12 mensualidades
DESPIDO COLECTIVO	20 días por año de servicio	12 mensualidades

DESPIDO DISCIPLINARIO	..	..
EXTINCIÓN DE LA PERSONALIDAD JURÍDICA	20 días por año de servicio	12 mensualidades
FUERZA MAYOR	20 días por año de servicio	12 mensualidades

3. Finalización del contrato por expiración del tiempo convenido

En los contratos temporales, la relación laboral se extingue al finalizar el plazo pactado. Es en ese momento cuando entra en juego el art. 49.1.c) del ET: a la finalización de estos contratos temporales, «*(...) la persona trabajadora tendrá derecho a recibir una indemnización de cuantía equivalente a la parte proporcional de la cantidad que resultaría de abonar doce días de salario por cada año de servicio*», salvo que una norma específica prevea otra cosa. La regla es sencilla pero muy significativa: **por cada año trabajado con contrato temporal válido, se genera el derecho a esos 12 días, prorrateados cuando el periodo es inferior al año.** Esa indemnización se suma a la liquidación final (salarios pendientes, pagas extra, vacaciones no disfrutadas) y forma parte del «paquete de salida» que debería estar claramente recogido en el finiquito.

La ley, sin embargo, traza excepciones muy nítidas: **no hay indemnización por expiración del tiempo convenido ni en los contratos formativos ni en los contratos de duración determinada por causa de sustitución.** En estos casos se entiende que la propia lógica del contrato (vinculado a la formación reglada o a la sustitución de una persona con reserva de puesto) justifica que no exista esa compensación adicional al término.

Ahora bien, esa indemnización de doce días por año descansa sobre un presupuesto clave: que la temporalidad esté bien utilizada. El propio art. 15 del ET establece que, si se usan contratos temporales sin causa real, si se sobrepasan los límites de duración, si se encadenan sucesivos contratos por circunstancias de la producción más allá de lo permitido, o si ni siquiera se da de alta en Seguridad Social al trabajador en el plazo debido, la consecuencia es que la persona adquiere la **condición de fija.** En ese escenario, cuando la empresa decide no continuar la relación, ya no puede hablar con propiedad de "expiración del tiempo convenido": está, en realidad, extinguiendo un contrato indefinido, y lo que procede no es la indemnización tasada de 12 días por año, sino la que corresponda al tipo de despido (objetivo con 20 días/año, disciplinario —sin indemnización si es procedente— o improcedente con 33 días/año y los topes legales).

A TENER EN CUENTA. Si no se cumple el preaviso de 15 días en contratos de duración superior a un año, el empresario deberá abonar una indemnización equivalente al salario correspondiente al plazo incumplido [art. 49.1.c) del ET].

JURISPRUDENCIA

STS n.° 514/2021, de 11 de mayo de 2021, ECLI:ES:TS:2021:2058

De la indemnización por despido improcedente debe deducirse la abonada por extinción de contrato temporal fraudulento. La sala IV considera compensable la indemnización abonada por la empresa con ocasión de la extinción del último de los contratos temporales suscritos por el trabajador, tras cuya extinción se produce el cese definitivo de la relación laboral que finalmente se califica como despido improcedente (reitera doctrina STS n.° 740/2018, de 11 de julio de 2018, ECLI:ES:TS:2018:3300).

RESOLUCIÓN RELEVANTE

STSJ de Cataluña n.° 4707/2022, de 16 de septiembre de 2022, ECLI:ES:TSJCAT:2022:8051

Aumento de la indemnización por despido que fija el ET en casos excepcionales donde resulte inadecuadas o insuficiente:

«(...) aceptamos que con el apoyo del sustrato normativo expuesto [arts. 1106 y 1101 de CC y 10 del Convenio 158 OIT], en el que nuestro propio legislador ya ha abierto fisura y admite ampliaciones, será posible en circunstancia excepcional como la expuesta, en que la indemnización legal y tasada resulte notoriamente insuficiente, podrá fijarse otra superior que alcance a compensar los totales daños y perjuicios (daño emergente, lucro cesante, daño moral...) que el ilícito acto del despido haya podido causar para eliminar así del mundo jurídico sus totales perniciosos efectos».

4. Baja voluntaria del trabajador (dimisión, abandono o inasistencia al trabajo)

La dimisión del trabajador con arreglo a lo que dispone el art. 49.1 d) del Estatuto de los Trabajadores es la decisión unilateral del trabajador de finalizar la relación laboral. En este caso, el trabajador tiene derecho al finiquito, que incluirá el salario de los últimos días trabajados, vacaciones no disfrutadas y pagas extraordinarias devengadas. No se contempla indemnización, salvo que se pacte en el contrato o convenio colectivo.

CUESTIÓN

¿Puede extinguirse la relación laboral en caso de dimisión sin finiquito o carta de renuncia?

Tradicionalmente el finiquito era el modo por el que quedaba formalizada la finalización de la relación laboral, por mutuo acuerdo. Más adelante también se incluyó en esta figura la extinción del contrato debida a baja voluntaria del trabajador o a dimisiones expresamente aceptadas por el empresario. Actualmente el término se ha ampliado comprendiendo cualquier forma de extinción de la relación laboral que va seguida de un acuerdo entre empresario y trabajador. Es frecuente encontrar situaciones en las que, tras un despido disciplinario, empresario y trabajador llegan a un acuerdo y lo reflejan en el pertinente finiquito, entendiéndose por la jurisprudencia que a la inicial voluntad extintiva del empresario se superpone el mutuo acuerdo entre empresario y trabajador y es éste el que pone fin al contrato (STSJ de Madrid, rec. 432/2025, de 23 de junio, ECLI:ES:TSJM:2025:9077). De esta forma, **sí puede extinguirse la relación laboral por dimisión del trabajador, aunque no exista finiquito ni carta de baja**, siempre que la empresa logre acreditar una conducta del trabajador que, analizada en su conjunto, resulte clara, terminante e inequívoca en el sentido de abandonar voluntariamente el empleo. El finiquito, en estos casos, no es más que un instrumento probatorio muy potente —a modo de ej. la STSJ de las Is. de Baleares, rec. 580/2004. de 31 de enero de 2005, ECLI:ES:TSJBAL:2005:78, reconoce que su firma había dejado «poco margen de debate»—, pero no es un requisito para que la dimisión produzca efectos extintivos.

La legislación laboral reconoce al trabajador la facultad de finalizar la relación de trabajo previamente constituida con su empleador mediante un acto voluntario y sin necesidad de alegar causa alguna. A la hora de actuar por parte de la empresa hemos de distinguir entre abandono del puesto de trabajo, dimisión por parte del trabajador o la inasistencia al trabajo [art. 49.1.a) y d) ET].

|| a) Dimisión o baja voluntaria del trabajador en la empresa

El apdo. 1.d) del art. 49 del ET, dispone que el contrato de trabajo se extinguirá *«por dimisión del trabajador, debiendo mediar el preaviso que señalen los convenios colectivos o la costumbre del lugar»*, es decir la legislación laboral reconoce al trabajador la facultad de finalizar la relación de trabajo previamente constituida con su empleador mediante un acto voluntario y sin necesidad de alegar causa alguna.

El Estatuto de los Trabajadores no aporta una definición legal de la dimisión, sino que se limita a regular este supuesto como causa de extinción del contrato de trabajo por voluntad del trabajador, sin aportar más datos que los de la remisión al convenio colectivo, y en su defecto, a la costumbre, para la concreción del requisito del preaviso. No obstante, hemos de tener en cuenta que **la dimisión consiste en una declaración unilateral de voluntad del trabajador dirigida al empresario, de poner fin a la relación laboral preexistente sin necesidad de aportar ninguna causa.**

El desistimiento se ejercita mediante una **declaración de voluntad unilateral, constitutiva e irrevocable, que persigue la extinción del vínculo contractual preexistente, pero debe ser ejecutado conforme a las reglas de buena fe, lo que exige el cumplimiento de determinados requisitos (preaviso, no abuso).**

Según los Tribunales la negativa del trabajador a reincorporarse tras decisión unilateral del empresario de dejar sin efecto el despido no supone abandono hasta que exista un pronunciamiento judicial (STSJ de Extremadura n.º 340/2004, de 11 de junio de 2004, ECLI:ES:TSJEXT:2004:1018). No obstante, la no incorporación del trabajador tras situación de incapacidad temporal de este, extinguida por resolución del INSS que declara la no afección de invalidez, es desistimiento unilateral del trabajador, equiparable a dimisión.

En caso de extinción de la relación laboral no es suficiente la firma del trabajador en el finiquito si no se acredita que la intención del trabajador fue la extinción por mutuo acuerdo con el empresario o por dimisión.

Consecuencias para el trabajador:

- Puede dar lugar a una indemnización por daños y perjuicios ocasionados a la empresa.

- El descuento en la liquidación que corresponda al trabajador los días no preavisados. La sanción al incumplimiento del plazo de preaviso por parte del trabajador no supone la nulidad del cese voluntario, sino que hace nacer el derecho de la empresa a descontar de la liquidación el importe del salario de un día por cada uno de retraso del preaviso.
- No da lugar a las prestaciones por desempleo, ya que no implica situación legal de desempleo al tratarse de una baja voluntaria.

CUESTIONES

1. ¿Cuál es la diferencia entre dimisión, abandono e inasistencia al trabajo?

La dimisión es la decisión voluntaria y normalmente formalizada de extinguir el contrato; el abandono es esa misma decisión manifestada de manera irregular, sin preaviso o sin forma, pero con una conducta inequívoca de ruptura; y la inasistencia es un hecho (ausencias) que solo en algunos casos revelará una voluntad extintiva, y en otros se limitará a justificar una reacción disciplinaria empresarial. El fundamento legal general de estas figuras se encuentra en el art. 49.1.a) ET (mutua acuerdo de las partes como causa extintiva) y el art. 49.1.d) ET (extinción «por dimisión del trabajador, debiendo mediar el preaviso que señalen los convenios colectivos o la costumbre del lugar». A partir de estos preceptos:

La dimisión voluntaria es causa directa de extinción, sujeta al preaviso.

El abandono del puesto de trabajo se integra como modalidad defectuosa de dimisión, por incumplimiento del preaviso o ausencia de forma, siempre que exista voluntad inequívoca de extinguir.

La inasistencia al trabajo puede ser una mera conducta incumplidora sancionable (art. 54 del ET) o bien, en determinados casos, configurar una dimisión/abandono si las ausencias son expresión clara, consciente, firme y terminante de la voluntad de romper el vínculo.

En todos los casos, la interpretación del art. 49 del ET se ve completada por la jurisprudencia.

2. ¿Es posible que el trabajador se retracte de su dimisión?

Nada establece la legislación laboral sobre la posibilidad de una posterior retractación durante el periodo de preaviso de dimisión. Según el TS, el trabajador puede retractarse de su dimisión y seguir en su puesto cuando no suponga perjuicio alguno para la empresa. Para la STS, rec. 3289/2009, de 1 de julio de 2010, ECLI:ES:TS:2010:5994, el principio de buena fe apoya con fuerza la posible retractación de la decisión del trabajador de dar por concluido el contrato, «en aquellos casos —este es el límite de actuación— en los que ese cambio en la voluntad extintiva no irrogue perjuicio sustancial a la otra parte o a terceros; lo que supone —tratándose de dimisión preavisada— que antes de la rectificación del trabajador el empresario no haya contratado a otro empleado para sustituir al dimisionario. La buena fe comporta que en tal supuesto —que es el de autos— se acepta la retractación del trabajador, porque con ello ningún perjuicio se le causa al patrono, y la negativa de éste adquiere visos de conducta abusiva, y con mayor motivo cuando —como en el presente caso— la declaración de voluntad extintiva se hizo por el trabajador en un incuestionado contexto de estrés laboral y ansiedad, que si bien no llega a viciar el consentimiento, no lo es menos que hace se emita en desfavorables circunstancias, que aquel principio —la buena fe— obliga a tener presentes.

RESOLUCIÓN RELEVANTE

STSJ de Andalucía, rec. 1478/2020, de 13 de enero de 2021, ECLI:ES:TSJAND:2021:4548

Constituye despido improcedente la no aceptación de la retractación de la dimisión producida dentro de un contexto de estrés laboral y ansiedad. «(...) *la declaración de voluntad extintiva se hizo en un incuestionado contexto de estrés laboral y ansiedad (...) que si bien no llega a viciar el consentimiento y configúralo nulo (art. 1265 CC), no los es menos que hace se emita en desfavorables circunstancias, que aquel principio —la buena fe— obliga a tener presentes*».

STSJ de Galicia n.° 4870/2024, de 29 de octubre de 2024, ECLI:ES:TSJGAL:2024:7478

El TSJ entiende que existe una manifestación de renuncia a empresa y compañeros mediante un *WhatsApp* en el grupo del trabajo a pesar de que con posterioridad fuese borrado. Para la sala de lo social, los actos posteriores al borrado del *WhatsApp* inducen a mantener su intención de dimisión, «(...) *cuando y en relación al caso nada notificó a la empleadora ni puso de manifiesto su intención de arrepentimiento, ni de reconsiderar su decisión quedando patente la intención clara de causar baja voluntaria como a tal efecto se constata del relato fáctico de la sentencia de instancia inalterado por no combatido, sin que pueda admitirse su comportamiento como contrario a la ruptura de la relación laboral y una retracción de la baja, en relación con el preaviso extremo este último que alega como admitido jurisprudencialmente, pero que no resulta del comportamiento de la actora y que además no aparece en el escrito de demanda ni argumentación alguna al respecto, invocándolo por primera vez en el recurso, abriendo ahora un debate no alegado y que en consecuencia no ha sido objeto de pronunciamiento en la resolución impugnada*».

|| b) Abandono del puesto de trabajo

El abandono del trabajador no constituye una causa extintiva autónoma del contrato de trabajo, sino que debe ser entendida en el marco del art. 49.1.d) del ET, como un supuesto de dimisión defectuosa, por inobservancia del requisito del preaviso exigido.

El trabajador tiene el deber de cumplir con las obligaciones concretas de su puesto de trabajo conforme a los principios de la buena fe y diligencia, cuando la renuncia al puesto de trabajo no se manifiesta explícitamente, sino que se deduce inequívocamente del comportamiento del trabajador, se producirá la El abandono produce la extinción del contrato de trabajo (sin derecho a indemnización de ningún tipo) y posibilita al empresario a exigir el resarcimiento de los daños y perjuicios derivados del incumplimiento contractual del trabajador (el empresario podrá descontar de la liquidación a efectuar al trabajador el salario correspondiente a los días de preaviso incumplidos según Convenio Colectivo o costumbre).

El trabajador que abandona no se encuentra en situación legal de desempleo.

Para que **exista abandono del trabajo** ha de darse una manifestación explícita (expresa o tácita) de la voluntad del trabajador por dar terminado la relación laboral. Si hay abandono el contrato se entiende resuelto sin necesidad de que el empresario despida; si no lo hay, la ausencia del trabajador configura incumplimiento contractual justificativo de un despido disciplinario.

No supone abandono la negativa del trabajador a reincorporarse tras la decisión unilateral del empresario de dejar sin efecto el despido. Habiéndose producido un despido, la empresa no puede dejarlo sin efecto de forma unilateral no constituyendo abandono la negativa del trabajador a reincorporarse hasta que exista un pronunciamiento judicial (STSJ de Extremadura n.º 340/2004, de 11 de junio de 2004, ECLI:ES:TSJEXT:2004:1018), ni la falta de reincorporación tras resolución del expediente de invalidez sin declaración de incapacidad permanente si subsiste la incapacidad temporal.

No constituye dimisión la no reincorporación tras resolución del expediente de invalidez sin declaración de incapacidad permanente si subsiste la incapacidad temporal (STSJ de Madrid de 19 de enero de 2001). No obstante, los Tribunales sí han interpretado dimisión voluntaria del trabajador que incurre en situación de incapacidad temporal y transcurrido el plazo máximo de duración ni se reincorpora ni consta incapacidad permanente. (STSJ de Murcia, rec. 1183/2006, de 15 de enero de 2007).

El hecho de que se ponga en conocimiento del trabajador la existencia de unos hechos graves, que puedan comportar una serie de consecuencias legales, laborales y penales, dándole la oportunidad de optar por el cese para evitar la adopción de las correspondientes medidas, no significa en absoluto que se ejerciese con ello coacción alguna sobre él por parte de la empleadora, puesto que para que la conducta de la empresa previa a la toma de decisión pueda calificarse de amenaza o intimidación encuadrable en el artículo 1.267 del Código Civil, es preciso que la misma revista un matiz antijurídico o ilícito, y no hay tal cuando lo que se hace es anunciar el posible ejercicio correcto y no abusivo de un derecho, como es el relativo a un posible despido disciplinario y la interposición de denuncia o querella.

A TENER EN CUENTA. En el supuesto de que el empresario pretenda proceder al despido del trabajador basado en un incumplimiento contractual grave y culpable (art. 54 del ET), podrá alegar «faltas repetidas e injustificadas de asistencia al trabajo». (STSJ de la Comunidad Valenciana n.º 1539/2000, de 29 de marzo de 2000, ECLI:ES:TSJCV:2000:2684).

RESOLUCIÓN RELEVANTE

STSJ de Extremadura n.º 679/2025, de 6 de noviembre, ECLI:ES:TSJEXT:2025:1227

El TSJ de Extremadura confirma el despido disciplinario de un técnico de ambulancias por abandonar su puesto en una guardia tras la denegación de un permiso. La Sala de lo Social destaca que el trabajador tenía mecanismos legales para impugnar la denegación del permiso que había solicitado, pero no la facultad de abandonar la guardia.

JURISPRUDENCIA

STS, rec. 2219/2004, de 17 de mayo de 2005, ECLI:ES:TS:2005:3145

Clasificación como dimisión o como despido del abandono de trabajo. *«En efecto, de acuerdo con estas sentencias: 1) "la dimisión del trabajador no es preciso que se ajuste a una declaración de voluntad formal", bastando que "la conducta seguida por el mismo manifieste de modo indiscutido su opción por la ruptura o extinción de la relación laboral" (STS 21-11-2000, que cita STS 1-10-1990); 2) así, pues, la dimisión exige como necesaria una voluntad del trabajador "clara, concreta, consciente, firme y terminante, reveladora de su propósito", si bien en tal caso la manifestación se ha de hacer por "hechos concluyentes, es decir, que no dejen margen alguno para la duda razonable sobre su intención o alcance" (STS 10-12-1990); y 3) en concreto, las conductas de "abandono de trabajo" pueden ser unas veces simple falta de asistencia al trabajo y pueden tener otras un significado extintivo, dependiendo la inclinación por una u otra calificación del "contexto", de la "continuidad" de la ausencia, de las "motivaciones e impulsos que le animan" y de "otras circunstancias" (STS 21-11-2000, con cita de STS 3-6-1988)».*

|| c) Inasistencia al trabajo

A efectos prácticos, la inasistencia al trabajo significa, de forma sencilla, que el trabajador no acude a su puesto en la fecha y horario en que está obligado a prestar servicios. (STS, rec. 3462/1999, de 21 de noviembre de 2000, ECLI:ES:TS:2000:5768A).

La inasistencia al trabajo (ausencias) puede tener dos planos:

- Como **posible manifestación tácita de dimisión/abandono**, si de la conducta se deduce claramente la voluntad extintiva.

- Como **incumplimiento disciplinario** (faltas repetidas e injustificadas de asistencia). **Si es sin causa válida o sin avisar**, puede llegar a ser un incumplimiento grave que justifique despido disciplinario, según el convenio y la valoración que haga el juez en cada caso (art. 54 del ET).

No existe un «número fijo» de inasistencias para todo caso: **la importancia de la inasistencia se valora caso por caso**, según la jurisprudencia, teniendo en cuenta:

- Lo que diga el convenio colectivo (por ejemplo, hay convenios que califican como falta leve una inasistencia injustificada de un día, y como grave o muy grave varias ausencias en el mes).

- La reiteración, el perjuicio causado y la conducta global del trabajador.

La práctica judicial indica que tres días consecutivos de ausencia injustificada pueden ser suficientes para un despido disciplinario, aunque siempre decide la sección de lo social del tribunal de instancia en función de las circunstancias.

Cuando existe una causa real e involuntaria y se comunica a la empresa (antes o, si no es posible, después), **la ausencia queda justificada y no puede ser base de despido**, aunque pueda implicar otras consecuencias (por ejemplo, no cobrar salario si no hay derecho).

Como ejemplos jurisprudenciales relevantes sobre inasistencia podemos citar:

- **STS n.º 435/2018, de 24 de abril de 2018, ECLI:ES:TS:2018:1795**: la inasistencia prolongada al trabajo derivada del ingreso en prisión para cumplir una pena firme constituye causa de extinción de la relación laboral, sin obligación de readmisión al recuperar la libertad (reiterando doctrina de STS 14-02-2013).

- STSJ de Madrid, rec. 32/2024, de 18 de marzo, ECLI:ES:TSJM:2024:3474: se considera procedente el despido de una trabajadora que, tras vacaciones, viaja al extranjero, solicita permiso sin sueldo por correo electrónico (sin seguir el cauce formal del portal del empleado), mantiene inasistencias sin justificación adecuada y, finalmente, es despedida. La sentencia confirma la importancia de justificar correctamente las ausencias y reafirma la autoridad del empresario para sancionar faltas muy graves (incluidas las inasistencias), de acuerdo con la normativa laboral y los convenios colectivos.

- STSJ de Castilla y León, rec. 536/2016, 27 de abril de 2016, ECLI:ES:TSJCL:2016:2214: no hay dimisión cuando el trabajador comunica su inasistencia por impago reiterado de salarios. En este caso, no puede obligarse al trabajador a soportar condiciones contrarias a su dignidad, integridad o que le generen grave perjuicio patrimonial o pérdida de opciones profesionales. Se cumplen los requisitos de la causa resolutoria del art. 50 ET («falta de pago o retrasos continuados en el abono del salario pactado»).

> **JURISPRUDENCIA**
>
> **STS, rec. 2224/2011 de 17 de julio de 2012, ECLI:ECLI:ES:TS:2012:5965**
>
> Dimisión preavisada del trabajador y posterior retractación. Es válida y no aceptarla equivale a un despido improcedente: «(...) existe una facultad de retractarse de la dimisión preavisada mientras la relación jurídica continúe existiendo: en definitiva, que el trabajador -al igual que el empresario cuando preavisa un despido- tiene derecho a reconsiderar su decisión, siempre que lo haga antes de la fecha en que la misma debía producir su normal efecto extintivo».
>
> Inasistencia prolongada al trabajo por ingreso en **prisión** en cumplimiento de la pena impuesta por sentencia firme. Constituye causa de extinción de la relación laboral sin que la empresa esté obligada a readmitir al trabajador una vez ha recuperado la libertad. (Reitera doctrina STS, rec. 979/12, de 14 de febrero de 2013).

5. Extinción del contrato por jubilación del trabajador o empresario

|| a) Jubilación del trabajador

La jubilación de la persona trabajadora por razón de su edad, siempre que tenga cubierto el período mínimo de cotización exigido, **extingue el contrato de trabajo bajo el fundamento legal del apdo. 1 f) del art. 49 del Estatuto de los Trabajadores.**

Aunque la jubilación está ligada a la edad, **el ET prohíbe el uso de la edad como causa discriminatoria en el empleo o una vez empleado** [art. 4.2.c) del ET], entendiéndose nulos y sin efecto los preceptos reglamentarios, las cláusulas de los Convenios Colectivos, los pactos individuales y las decisiones unilaterales del empresario que contengan discriminaciones desfavorables por razón de edad (art. 17.1 del ET).

El trabajador que cese en el trabajo por cuenta ajena a causa de la edad es beneficiario de una prestación económica vitalicia a cargo de la Seguridad

Social, **no otorga al trabajador derecho a indemnización alguna**, sin perjuicio de algún complemento que pueda serle reconocido en convenio colectivo con cargo a la empresa o si ha sido pactada expresamente en un acuerdo individual (por ejemplo, pactos de mejora, políticas internas de la empresa, planes de jubilación incentivada, etc.).

> **A TENER EN CUENTA.** En ausencia de previsión convencional o pactada, el cese por jubilación solo se acompaña de la liquidación o finiquito de las cantidades pendientes (salarios, partes proporcionales de pagas extras, vacaciones devengadas y no disfrutadas, etc.), pero no una indemnización específica por la extinción.

Desde el punto de vista sancionador, las decisiones unilaterales del empresario que impliquen discriminaciones desfavorables por razón de edad, o el establecimiento de condiciones, mediante la publicidad, difusión o por cualquier otro medio, que constituyan discriminaciones favorables o adversas para el acceso al empleo por motivos de edad se tipifican como infracciones laborales muy graves en los art. 8.16 de la LISOS y son sancionables con multa en su grado mínimo, de 7.501 a 30.000 euros; en su grado medio de 30.001 a 120.005 euros; y en su grado máximo de 120.006 euros a 225.018 euros (art. 40.1 de la LISOS).

Dos supuestos pueden tener cierta incidencia en el caso de extinción del contrato laboral por jubilación del trabajador

- Acceso a la jubilación parcial del trabajador: en estos supuestos la relación laboral no se extingue, se modifica mediante la reducción de jornada acordada.

- Extinción del contrato de trabajo por prejubilación de la persona trabajadora: la prejubilación es una figura que no aparece regulada en nuestro Derecho Positivo, y que, por tanto, ha de regirse por lo pactado válidamente entre las partes, siendo definido por la doctrina como el cese prematuro y definitivo en la vida laboral del trabajador de edad avanzada antes del cumplimiento de la edad normal de jubilación, mediante las correspondientes contrapartidas económicas a cargo de la empresa.

En supuestos de **jubilación anticipada por causa no imputable al trabajador [art. 207.1 de la LGSS]**, cuando el cese es por despido objetivo o colectivo, el trabajador debe acreditar haber percibido la indemnización correspondiente *«mediante documento de la transferencia bancaria recibida o documentación acreditativa equivalente».* Con carácter general, en este tipo de jubilaciones, **el INSS niega que el finiquito sea prueba suficiente siguiendo el criterio de que solo refleja la voluntad de saldar cuentas, pero no demuestra que el dinero haya entrado efectivamente en el patrimonio del trabajador.** Debemos tener presente la intención del legislador de endurecer el acceso a la jubilación anticipada y evitar fraude por lo que a la hora de presentar la documentación para el acceso a la jubilación anticipada por causa no imputable al trabajador **el finiquito no prueba de manera objetiva y trazable que el trabajador haya cobrado efectivamente la indemnización.** (STSJ de Asturias, rec. 872/2019, de 11 de octubre, ECLI:ES:TSJAS:2019:1752).

CUESTIÓN

El recibo de finiquito firmado entre empresa y trabajador, ¿acredita el cobro de la indemnización exigida para la jubilación anticipada por causa no imputable al trabajador en el art. 207.1 de la LGSS?

El finiquito, con la indemnización, cumple dos funciones en este contexto de jubilación anticipada involuntaria:

– Acredita la existencia de una indemnización derivada de la extinción, requisito que la norma exige para jubilarse anticipadamente por causa no imputable al trabajador.

– Refuerza la calificación del cese como despido objetivo por reestructuración empresarial, que es lo que habilita a acceder a la jubilación anticipada del art. 207 LGSS.

No obstante, el **finiquito no es «documentación equivalente» a una transferencia bancaria y no cumple el estándar de prueba exigido por el art. 207 de la LGSS a los efectos analizados.** Es necesario un justificante de transferencia u otro documento «equivalente» que permita verificar objetivamente el ingreso (por ejemplo, un comprobante bancario, justificante de cheque nominal abonado, etc.), no meras manifestaciones privadas de las partes. Por «documentación equivalente» se entiende un justificante externo y objetivable del pago, típicamente:

– Justificante de transferencia o ingreso bancario.

– Resguardo de cheque nominativo y su cobro.

– Certificación bancaria, etc.

Es decir, algo que permita comprobar que el dinero efectivamente ha salido de la empresa y ha entrado en la esfera patrimonial del trabajador, y no solo que las partes lo declaran.

‖ b) Extinción por jubilación del empresario

La jubilación del empresario como causa de extinción del contrato de trabajo se regula en el apdo. 1.g) del art. 49 del Estatuto de los Trabajadores otorgando a las personas afectadas por esta extinción el derecho a la prestación por desempleo y a una indemnización por importe de un mes de salario. Este supuesto se producirá siempre y cuando nadie continúe desarrollando la actividad empresarial.

La extinción del contrato de trabajo, por las causas que recoge el apdo. 1.g) del art. 49 del ET, exige el cierre o cese de la actividad de la empresa. No obstante, ese cese no es preciso que siempre coincida con la producción de la causa de extinción, pues la actividad puede mantenerse, bien por el propio empresario, bien por sus causahabientes, durante el tiempo razonablemente preciso para liquidar los negocios o encargos pendientes, razonándose también de esta forma por el Tribunal Supremo en su **STS, rec. 2906/1998, de 25 abril de 2000, ECLI:ES:TS:2000:3460**, al establecer: «*(...) no es absolutamente necesario que el momento de la jubilación y el cierre de la empresa, con las subsiguientes extinciones de las relaciones de trabajo, sean totalmente coincidentes, puesto que entre uno y otros puede mediar un plazo prudencial. La finalidad de este plazo en los supuestos de jubilación es, fundamentalmente, el facilitar la liquidación y cierre del negocio o incluso su posible transmisión; y la duración de tal plazo dependerá de las circunstancias concurrentes en cada* caso, no pudiéndose fijar reglas generales aplicables a todos los supuestos», doctrina que es aplicable, igualmente, por identidad de razón, a los supuestos de extinción por incapacidad permanente del empresario».

> **A TENER EN CUENTA**. Para la efectiva extinción de la relación laboral por estas causas se debe añadir el hecho de que se dé una cesación de la actividad empresarial sin que opere el mecanismo de la subrogación empresarial.

> **CUESTIÓN**
>
> **El paso de un empresario individual desde una jubilación activa a la jubilación plena, ¿permite la extinción del contrato sujeta a un mes de indemnización?**
>
> La normativa no lo aclara existiendo fallos contradictorios:
>
> a) STSJ de Castilla y la Mancha n.º 771/2021, de 13 de mayo de 2021, ECLI:ES:TSJCLM:2021:1366. Pasar de una jubilación activa a una plena no permite la extinción del contrato sujeta a un mes de indemnización al amparo del art. 49.1.g) del ET. La jubilación plena es una variante de la situación de jubilación que ya le había sido legalmente reconocida. La posibilidad de pasar de una jubilación activa a una plena no permite la extinción del contrato ni en el precepto estatutario, ni en la normativa de seguridad social, ni además, parece razonable que esa extinción contractual, tan favorable para la empleadora como desfavorable para la persona trabajadora, quede al arbitrio de la primera en cuanto al momento de ejercitar tal posibilidad.
>
> b) STSJ de las Islas Canarias n.º 120/2021, de 25 de febrero de 2021, ECLI:ES:TSJICAN:2021:407. Se permite la extinción aplicando el art. 49.1.g) del ET en caso de cierre del centro de trabajo tras jubilación activa.

6. Extinción del contrato por muerte o incapacidad del trabajador o empresario

La extinción del contrato laboral por muerte, incapacidad del trabajador o empresario está regulada en el artículo 49 del Estatuto de los Trabajadores (ET), con particularidades según cada caso.

a) Extinción del contrato de trabajo por muerte o incapacidad del trabajador

Extinción por muerte del trabajador

El contrato de trabajo se extingue por la muerte del trabajador, dado el carácter personalísimo de su prestación de servicios. El fallecimiento del trabajador dará derecho a las siguientes percepciones [apdo. 1 e) del art. 49 ET]:

» **Deudas salariales.** Los herederos tienen derecho a percibir del empresario las prestaciones económicas que se le adeudaran al trabajador hasta el momento de su fallecimiento.

» **Indemnización a cargo del empresario.** En caso de fallecimiento de un trabajador, debido a causa natural, su empresario vendrá obligado a abonar una indemnización, equivalente a 15 días del salario que disfrutaba al tiempo de su muerte a sus familiares (cónyuge, descendientes, hermanos, ascendientes).

» **Indemnización a cargo de la Seguridad Social o mutua.** En caso de muerte del trabajador por accidente de trabajo o enfermedad profesional, el cónyuge supérstite y cada uno de los hijos, que reúnan las condiciones para ser beneficiarios de la pensión de viudedad y orfandad, tendrán derecho, además, a una indemnización especial a tanto alzado.

» **Auxilio de defunción.** El fallecimiento del causante dará derecho a la percepción inmediata de un auxilio por defunción (46,50 euros) para hacer frente a los gastos de sepelio a quien los haya soportado.

» **Pensiones.** En caso de muerte, cualquiera que fuera su causa, se otorgará alguna de las prestaciones siguientes: una pensión vitalicia de viudedad, una pensión de orfandad, una pensión vitalicia o, en su caso, subsidio temporal a favor de familiares (art. 124 y ss. de la LGSS, según redacción dada por la Ley Orgánica 3/2007, de 22 de marzo, para la igualdad efectiva de mujeres y hombres y la Ley Orgánica 1/2004, de 28 de diciembre, de Medidas de Protección Integral contra la Violencia de Género).

» **Fallecimiento del trabajador antes de la sentencia declaratoria de nulidad del despido.** No procede imponer la readmisión. No hay alternatividad entre la obligación de readmitir y la de indemnizar por no readmitir o readmisión irregular. Extinguido el contrato por muerte del trabajador solo procede imponer abono de salarios de trámite. **(STS, de 4 de febrero 1994, ECLI:ES:TS:1991:586).**

| Extinción por incapacidad del trabajador

La incapacidad del trabajador, en los grados de incapacidad permanente total para la profesión habitual, incapacidad permanente absoluta para todo trabajo, o gran invalidez, ha dejado se ser causa de extinción automática del contrato de trabajo **desde el 01/05/2025.** En el supuesto de incapacidad temporal, producida la extinción de esta situación con declaración de invalidez permanente en los grados de incapacidad permanente total para la profesión habitual, absoluta para todo trabajo o gran invalidez, cuando, a juicio del órgano de calificación, la situación de incapacidad del trabajador vaya a ser previsiblemente objeto de revisión por mejoría que permita su reincorporación al puesto de trabajo, subsistirá la suspensión de la relación laboral, con reserva del puesto de trabajo, durante un período de dos años a contar desde la fecha de la resolución por la que se declare la invalidez permanente (arts. 48.2 y 49 del ET).

De esta forma, para que la declaración de GI, IPA o IPT de la persona trabajadora, habiliten para la extinción del contrato, será necesario acreditar la imposibilidad de realizar los ajustes razonables por constituir una carga excesiva para la empresa, cuando no exista un puesto de trabajo vacante y disponible, acorde con el perfil profesional y compatible con la nueva situación de la persona trabajadora o cuando existiendo dicha posibilidad la persona trabajadora rechace el cambio de puesto de trabajo adecuadamente propuesto. Todo ello en los términos definidos en la letra n) en el artículo 49.1 del ET.

b) Extinción del contrato de trabajo por muerte o incapacidad del empresario

Extinción por muerte del empresario

La extinción del contrato por fallecimiento del empresario se produce cuando nadie continúa el negocio. A tal fin, se concede un plazo prudencial a los posibles herederos para que adopten una decisión en orden a tal continuidad o no (arts. 44, 49 y 103 del ET).

> **A TENER EN CUENTA**. El ET no señala el plazo adecuado para decidir la no continuación; de ahí que la jurisprudencia, cumpliendo su función integradora, haya declarado que tal plazo ha de ser el que, atendiendo las circunstancias, resulte ponderado y razonable, sin que el hecho de continuar en la actividad empresarial, con inmediación a la fecha del óbito, haya de impedir la decisión referida, siempre que esta actúe dentro del razonable plazo aludido (STS de 18 de diciembre de 1990, ECLI:ES:TS:1990:17552, entre otras). Al tratarse de un cese por motivos justificados, pero independiente de la voluntad del trabajador, este deviene acreedor a una indemnización equivalente al plazo de preaviso normal, esto es, una mensualidad del salario. Sentado esto, por aplicación de lo establecido en la letra g) del art. 49.1 del ET, tan solo correspondería a los trabajadores como consecuencia de la extinción del contrato de trabajo, la indemnización de un mes de salario, que opera a modo de preaviso, no siendo posible entender, que a la extinción por muerte del empresario se aplique el régimen de indemnizaciones previsto para el despido por causas objetivas.

La falta de continuidad con el negocio puede ocurrir por las siguientes causas:

- **Falta de herederos.** «De esta indemnización debe responder la herencia yacente que de conformidad con la jurisprudencia tradicional es una mera unidad patrimonial sin sujeto determinado y, por tanto, sin personalidad jurídica propia —STS de 31 de enero de 1994—, pero estando admitido, por la doctrina y la jurisprudencia —STS de 12 de marzo de 1987 y de 20 de septiembre de 1982—, su llamamiento a la causa, como patrimonio del causante, en las personas que tienen encomendada su administración, llegando incluso a estimarse que "la entidad a la que se hace referencia es la misma hablando de la herencia yacente o de los herederos (desconocidos, ignorados, inciertos) de una persona determinada". De esta manera, la condena, en su caso, únicamente podría darse frente a la herencia yacente, ante la ausencia de persona a quien pudiera atribuirse la cualidad de heredero con los efectos de la transmisión del patrimonio del causante con sus derechos y obligaciones —como ocurre en el caso enjuiciado atendidas las circunstancias de renuncia de la herencia—».(STSJ de Madrid n.° 46/2010, de 26 de enero de 2010, ECLI:ES:TSJM:2010:435).

- **Renuncia de los herederos.** El hecho de que se produzca la renuncia de los herederos y que, en consecuencia, la herencia debiera ser diferida al Estado (art. 913 del Código Civil), tiene la pertinente formulación legal en el art. 958 del Código Civil, donde se establece la exigencia de la declaración judicial de heredero para que el Estado pueda apoderarse de los bienes hereditarios, adjudicándoselos entonces por falta de herederos legítimos. No obstante, este requisito o presupuesto necesita la declaración de heredero del Estado.

Como han señalado la STSJ de Andalucía n.º 964/2001, de 6 de marzo de 2001, ECLI:ES:TSJAND:2001:2887, y la STS n.º 637/2000, de 27 de junio de 2000, ECLI:ES:TS:2000:5269: «(...) *para que un heredero pueda ser compelido al cumplimiento de las obligaciones contraídas por su causante, será preciso probar que ha aceptado la herencia, y en tal sentido viene reiterando la jurisprudencia que no constando que el heredero haya pedido la herencia no puede ser demandado por responsabilidades que pudiera tener el testador, ni cabe condenarle al pago de cantidad alguna en tal concepto de heredero. En materia de adquisición de herencia, y con relación al régimen sucesorio del Código Civil resulta incuestionable que rige el denominado sistema romano caracterizado porque no basta la delación hereditaria (apertura, vocación y delación) para ser titular del derecho hereditario, sino que además es preciso que el heredero acepte la herencia, lo que puede efectuarse de forma expresa o bien tácita. Producida la delación, el heredero —el llamado a heredar en concreto—, como titular del "ius delationis", puede aceptar o repudiar la herencia, pero en tanto no acepte, como se ha dicho, no responde de las deudas de la herencia, porque todavía no se produjo la sucesión —no es sucesor, sino solo llamado a suceder—. Si acepta responderá incluso con sus propios bienes, salvo que la aceptación expresa tenga lugar con arreglo a lo prevenido para disfrutar del beneficio de inventario».*

- La **manifestación de voluntad de los herederos de no proseguir la actividad productiva** del fallecido puede expresarse en múltiples formas, incluso tácita, cuando la misma se acompaña del efectivo cese, no existiendo posibilidad legal de imponerles su continuación. En consecuencia, tal y como se afirma la **STSJ de Madrid n.º 46/2010, de 26 de enero de 2010, ECLI:ES:TSJM:2010:435**, no puede estimarse que nos encontremos ante un despido.

CUESTIÓN

¿Quién ha de hacerse cargo del pago de la indemnización a las personas trabajadoras en caso de muerte del empresario?

En primera instancia han de hacerse cargo los **herederos** que no han deseado continuar con la actividad productiva. Como se ha dicho, el contrato de trabajo se extingue por muerte del empresario, salvo que exista sucesión empresarial. La **STSJ de Castilla-La Mancha n.º 1415/1999, de 29 de noviembre de 1999, ECLI:ES:TSJ-CLM:1999:3229**, ha concretado que no existe sucesión por que el empresario continúe percibiendo el salario, si no se desempeñaba trabajo alguno.

Si el contrato se extinguiese, el trabajador se encontraría en situación legal de desempleo (acreditada por comunicación escrita de los herederos). Además, la extinción de contrato de trabajo por muerte del empresario, cumpliendo todas las formalidades, no hace responsable al FOGASA del abono de cantidades en relación con indemnizaciones por dicha extinción.

En caso de muerte del empresario individual, cualquiera que fuera su causa, se otorgaran a su viuda, hijos o familiares, alguna o algunas de las prestaciones siguientes:

1. Subsidio de defunción.

2. Pensión vitalicia de viudedad.

3. Pensión de orfandad.

4. Pensión vitalicia o, en su caso, subsidio temporal a favor de familiares.

| Extinción por incapacidad del empresario

Según el apdo. 1 g) del art. 49 del Estatuto de los Trabajadores, los casos de incapacidad del empresario como persona física suponen la extinción del contrato de trabajo de manera automática de los trabajadores al servicio de la empresa, sin necesidad de expediente administrativo de extinción.

Para la extinción de una empresa cuando está constituida por una persona jurídica (S.A., S.L., etc.), deben seguirse los trámites del despido colectivo y solicitar la autorización administrativa, cuando la plantilla es superior a 5 trabajadores, o bien, los trámites del despido objetivo por amortización de puestos de trabajo si la plantilla es hasta 5 trabajadores.

Como en los casos anteriores, la extinción por incapacidad del empresario obliga a indemnizar a los trabajadores con un mes de su salario.

Respecto a la incapacidad del empresario como causa de extinción no es preciso que sea declarada por el INSS, pero sí tienen que quedar acreditada la existencia de una enfermedad que le impida la dirección, control y gestión de la empresa de la que es titular.

La situación legal de desempleo en caso de incapacidad jurídica declarada judicialmente se produce desde la comunicación del representante legal al trabajador, y en el caso de incapacidad física desde la comunicación del empresario.

|| c) Extinción del contrato de trabajo por extinción de la || personalidad jurídica de la empresa

Según lo previsto en el apdo. 1 g) del art. 49 del Estatuto de los Trabajadores, la extinción de relaciones de trabajo por extinción de la personalidad jurídica del contratante se regirá por el procedimiento administrativo de regulación de empleo establecido en el capítulo II del título I del Reglamento de los procedimientos de regulación de empleo y de actuación administrativa en materia de traslados colectivos, incluidas las disposiciones relativas al plan de acompañamiento social, es decir, ha de seguirse el procedimiento de regulación de empleo para la extinción de las relaciones laborales por causas económicas, técnicas, organizativas o de producción.

Su mera concurrencia no basta para la extinción, por lo que debe de ir precedida de un procedimiento de despido colectivo. Los trabajadores tendrán derecho a una indemnización de veinte días de salario por año de servicio, prorrateándose por meses los períodos de tiempo inferiores a un año, con un máximo de doce mensualidades (art. 51.8 del ET). Cuando la cesación de la actividad se deba a una orden sancionadora de cierre procedente del poder público, las indemnizaciones serán las que corresponden a los supuestos de despido disciplinario improcedente.

El trabajador acreditará la situación legal de desempleo para tener derecho a las prestaciones, mediante resolución de la autoridad laboral competente.

La **declaración de quiebra** produce la extinción de los contratos de trabajo. Para ello, es preciso tramitar el expediente resolutorio ante la autoridad laboral competente.

Por contra **no es causa suficiente de extinción de los contratos**, los casos como:

1. Jubilación, incapacidad o muerte de uno de los socios de la sociedad.
2. Titularidad conjunta en la empresa, cuando uno de los titulares muere, se jubila o incapacita.
3. Subrogación empresarial que mantiene la actividad de la empresa.
4. Continuidad del negocio por una sociedad familiar.

| Procedimiento para la extinción

La extinción de relaciones de trabajo por extinción de la personalidad jurídica del contratante se regirá por el procedimiento establecido en el capítulo I del título I del Real Decreto 1483/2012, de 29 de octubre, por el que se aprueba el Reglamento de los procedimientos de despido colectivo y de suspensión de contratos y reducción de jornada, incluidas las disposiciones relativas a las medidas sociales de acompañamiento y al plan de recolocación externa.

Según lo previsto en el art. 49.1.g) del Estatuto de los Trabajadores, la extinción de relaciones de trabajo por extinción de la personalidad jurídica del contratante se regirá por el procedimiento establecido en el capítulo I del título I del Real Decreto 1483/2012, de 29 de octubre, por el que se aprueba el Reglamento de los procedimientos de despido colectivo y de suspensión de contratos y reducción de jornada, incluidas las disposiciones relativas a las medidas sociales de acompañamiento y al plan de recolocación externa.

En función del número de trabajadores afectados por la extinción el procedimiento a seguir por la empresa varia:

- **Plantilla de más de cinco personas trabajadoras**. La figura de **despido colectivo** es la aplicable cuando la extinción de los contratos de trabajo afecte a la totalidad de la plantilla de la empresa siempre que el número de trabajadores afectados sea superior a cinco, cuando aquel se produzca como consecuencia de la cesación total de su actividad empresarial fundada en las causas que el art. 51 del ET. El despido colectivo es el único medio viable en la legislación para dar fin a una explotación que se estima ruinosa y cuya permanencia en el mercado no es posible.

- **Plantilla de cinco o menos personas trabajadoras.** En estos supuestos el cese de la actividad y la extinción de las relaciones laborales por extinción de la personalidad jurídica es una resolución unilateral condicionada a la demostración judicial de las causas alegadas aplicándose los trámites y requisitos del **despido objetivo.**

| Indemnización

Siguiendo el apdo. 1.g) del art. 49 del ET y apdo. 8, párrafo 3.º, del art. 51 del ET, la extinción de los contratos de trabajo por extinción de la personalidad jurídica del empresario genera el derecho del trabajador a las **indemnizaciones propias del despido colectivo por causas económicas, técnicas, organizativas o de producción**, es decir, 20 días por año de servicio hasta un máximo de 12 mensualidades.

| Efectos de la extinción de la personalidad jurídica del empresario

Cualquier extinción contractual bajo esta modalidad está sujeta al cumplimiento de las formalidades para despido colectivo establecidas en el art. 51 del Estatuto de los Trabajadores, cuya inobservancia o infracción dará lugar a la nulidad de la extinción (art. 53.4 del Estatuto de los Trabajadores y arts. 122 y 124 de la Ley de Jurisdicción Social) con los efectos legales y respectivamente previstos en los artículos arts. 53.5, 123 y 124 del ET en su remisión a los preceptos arts. 55 y 113 de la LRJS.

La declaración de nulidad determina, como se ha dicho, la obligación empresarial de readmitir al trabajador en su puesto de trabajo con abono de los salarios de tramitación devengados desde que se produjo el despido hasta la notificación de la sentencia.

3.
¿CÓMO SE CALCULA Y QUÉ CONCEPTOS COMPONEN EL FINIQUITO?

El finiquito ha de incluir el **salario** de los últimos días trabajados del mes en el que se produzca el cese, las **pagas extraordinarias**, las **vacaciones no disfrutadas, percepciones no salariales** adeudadas, otras pagas extraordinarias reguladas en el convenio aplicable (**beneficios o incentivos**) y posibles **indemnizaciones**.

Como hemos tratado a lo largo de la obra, el cálculo del finiquito puede deberse a:

- **Cese definitivo de la persona trabajadora en la empresa**, en este caso será necesaria una liquidación de todas las percepciones devengadas y no cobradas hasta el cese del trabajador.

- **Un cambio de contrato**, aquí se podrá optar entre finiquitar la parte proporcional de las pagas extraordinarias y de las vacaciones o bien acumularlas para ser abonadas en el siguiente contrato o a su vencimiento.

Para calcular correctamente el finiquito conviene actuar siempre con el mismo esquema:

1. Revisión del convenio colectivo y determinación de fechas relevantes

Es fundamental revisar el convenio colectivo aplicable para determinar el salario base diario, los pluses salariales y extrasalariales, así como las pagas extraordinarias y las vacaciones generadas. Esto incluye verificar las tablas salariales y las condiciones específicas del convenio

- Determinar salario base diario y pluses (asistencial y extrasalarial) según tablas del convenio aplicable.

- Ver periodo exacto trabajado en el año de extinción para saber:

- Días efectivos trabajados.

- Días que generan pagas extra proporcionales.

- Días que generan vacaciones del año del despido (las de años anteriores no siempre son compensables en metálico).

2. Calcula todos los devengos brutos hasta la fecha de baja (salarios, pagas extras proporcionales, vacaciones no disfrutadas del año de extinción).

- Salarios: se calcula el salario del mes en curso, considerando los días efectivamente trabajados.

> » **Ejemplo:** si el salario mensual es de 1.110 euros, el salario diario se obtiene dividiendo entre 30 días (37 euros/día). Si el trabajador trabajó 4 días en el mes de cese, el salario correspondiente sería 148 euros.

- Pagas extraordinarias proporcionales: se incluyen las proporcionales de verano y Navidad:

- Paga Navidad: del 1 de julio al 31 de diciembre (o proporcional a días realmente trabajados en el semestre).

- Paga de verano: del 1 de enero al 30 de junio (o proporcional a días realmente trabajados en el semestre).

- **Ejemplo:** si la paga de Navidad se devenga desde el 1 de enero y el trabajador cesa el 4 de octubre, se calcula la parte proporcional en función de los días trabajados (274 días). Si la paga es de 970 euros anuales, se divide entre 360 días y se multiplica por los días trabajados (737 euros). Para la paga de verano, se aplica el mismo cálculo según los días trabajados desde el 1 de julio (252,86 euros).

- Vacaciones no disfrutadas: salvo causa excepcional solo vacaciones del año de extinción no disfrutadas se compensan en metálico (art. 38 del ET y doctrina que cita la sentencia).

- Se calculan desde el 1 de enero hasta la fecha de cese, aplicando la regla de tres.

- **Ejemplo,** si el trabajador tiene derecho a 30 días de vacaciones por año y ha trabajado 274 días, le corresponden 23 días de vacaciones. Si ya ha disfrutado 7 días, le restan 16 días, que se compensan económicamente multiplicando por el salario diario (592 euros).

> **A TENER EN CUENTA.** En el finiquito normalmente se detallan los salarios del mes en curso, partes proporcionales de pagas extra, vacaciones no disfrutadas, otras cantidades pendientes (diferencias salariales, etc.) e indemnización, todos en bruto. Sobre ese total bruto o sobre cada concepto (según proceda) se aplican las deducciones.

3. Cálculo del total bruto devengado: se suman todos los conceptos: salario del mes en curso, pagas extraordinarias proporcionales y vacaciones no disfrutadas.

> » **Ejemplo:** en el caso práctico citado, el total bruto sería 1.729,86 euros (148 euros + 592 euros + 989,86 euros).

4. Deducciones y cálculo del importe líquido: sobre esas cantidades brutas se aplican las deducciones (Seguridad Social, IRPF), y el resultado es el importe neto a percibir.

Una clave en este punto es la de **calcular las cantidades en bruto y luego pasarlas a líquido**

- Primero se **determina el total bruto devengado** por todos los conceptos (salarios, pagas extra, vacaciones compensables).

- Luego **se resta lo efectivamente abonad**o (vía banco y cheque, anticipos, etc.).

- Además, **se incorporan las deducciones de Seguridad Social e IRPF** que constan en nómina, para llegar al importe líquido.

Ejemplo: se deducen las cotizaciones a la Seguridad Social, el IRPF y cualquier anticipo o cantidad ya abonada por la empresa. Por ejemplo, si las deducciones suman 588,98 euros, el importe líquido sería la diferencia entre el total bruto y las deducciones.

5. Ajuste final de finiquito pendiente: el finiquito pendiente se calcula como la diferencia entre el total devengado bruto y las cantidades efectivamente abonadas por la empresa, menos las deducciones legales correspondientes

Aplicar la fórmula:

> Finiquito pendiente (líquido) = (Devengado bruto total según convenio) − (Pagado efectivamente por la empresa) − (Cotizaciones y retenciones legalmente deducibles correspondientes a ese devengo).

3.1. Salario de los últimos días trabajados en el mes del cese

El trabajador tiene derecho a la parte proporcional de su salario por los días efectivamente trabajados. En dinero o en dinero y especie (si esta forma parte del salario base).

Para calcular los días efectivamente trabajados hasta la fecha de baja y determinar el finiquito, es necesario seguir los siguientes pasos, teniendo en cuenta si la nómina utiliza el sistema períodos mensuales (30 días) o el cómputo real por días del mes (28, 30 o 31):

- En la mayoría de los contratos la nómina cubre el mes natural completo, pero se considera 30 días para el cálculo mensual. Si la nómina utiliza este sistema, el salario diario se calcula dividiendo el salario mensual entre 30.

- **Ejemplo:** si el salario mensual es de 1.110 euros, el salario diario será: 1.110 / 30 = 37 euros/día.

- Si se utiliza el cómputo real por días del mes, el salario diario se calcula dividiendo el salario mensual entre los días reales del mes.

- **Ejemplo:** octubre tiene 31 días: 1.110 / 31 = 35,81 euros/día. Si el trabajador cesa el 4 de octubre (se multiplica el salario diario anterior por los días trabajados): 35,81 x 4 = 143,24 euros.

El finiquito debe reflejar todos los devengos salariales, incluidos los que se satisfacen **en especie** (vivienda, coche, manutención, seguros, etc.), valorados en dinero. Si la empresa liquida solo la parte en metálico y omite lo que en realidad forma parte del salario (incluido el salario en especie), el finiquito no libera totalmente, y el trabajador podría reclamar esas diferencias. Si, por ejemplo, el trabajador disfrutaba de vivienda de empresa o coche de uso mixto como parte de su retribución, el valor anual o mensual de ese beneficio forma parte del salario total, y:

- Puede tener incidencia en la base de cálculo de indemnizaciones (si hubiera indemnización).
- Debe constar en la liquidación final, si quedan importes salariales pendientes ligados a ese concepto (por ejemplo, parte proporcional del mes en curso si se retribuye mensualmente).

> **JURISPRUDENCIA**
>
> **STS n.º 803/2019, de 25 de noviembre de 2019, ECLI:ES:TS:2019:4239**
>
> Revocando el criterio de la Sentencia recurrida (SAN n.º 30/2018, de 19 de febrero de 2018, ECLI:ES:AN:2018:497), el TS sigue el criterio reiterado por la Sala IV para fijar el salario diario regulador de la indemnización por despido (entre muchas SSTS 27 de octubre de 2005 (R. 2513/2004), 30 de junio de 2008 (R. 2639/2007), 24 de enero de 2011 (R. 2018/2010), 9 de mayo de 2011 (R. 2374/2010), 17 de diciembre de 2013 (R. 3559/2017)) donde se dice que **el salario diario se calcula mediante el cociente que resulte de dividir la retribución global por los 365 días que al año corresponden [366 para el caso de año bisiesto].**

3.2. Pagas extraordinarias

La liquidación en el finiquito de las pagas extraordinarias ha de realizarse teniendo en cuenta **tres posibilidades**, en función de la **forma de pago:**

- **Prorrateo mensual:** si las pagas extraordinarias se abonan mes a mes, el trabajador tiene derecho a percibir la parte proporcional correspondiente al tiempo trabajado en el mes en curso.
  - » **Ejemplo:** Salario diario: 1.200 € / 30 días = 40 € por día. Días trabajados: 15 días. Liquidación por días trabajados: 40 € x 15 días = 600 €. En este caso, no se calcula aparte la paga extraordinaria, ya que ya está incluida en el salario mensual.
- **Pagas extraordinarias semestrales:** en este caso, el trabajador recibirá la parte proporcional de la paga correspondiente al semestre en el que se produce la extinción de la relación laboral, calculada desde el inicio del semestre hasta la fecha de cese.
  - » **Ejemplo:** trabajador tiene derecho a dos pagas extraordinarias semestrales de 1.000 € cada una. Si cesa el 15 de abril, dentro del primer semestre:
    - Días trabajados en el semestre: desde el 1 de enero hasta el 15 de abril = 105 días.

- Parte proporcional de la paga extraordinaria: (1.000 € / 180 días) x 105 días = 583,33 € en concepto de paga extraordinaria proporcional al tiempo trabajado en el semestre.

- **Pagas extraordinarias anuales:** el trabajador tiene derecho a la parte proporcional de las dos pagas extraordinarias anuales, generalmente abonadas en verano y Navidad. Aunque se paguen en dos momentos del año, el derecho a percibirlas se genera en cómputo anual.

    » Ejemplo: trabajador con derecho a dos pagas extraordinarias anuales de 1.200 € cada una, devengadas en verano y Navidad. Si cesa el 15 de marzo:

    - Días trabajados en el año: desde el 1 de enero hasta el 15 de marzo = 74 días

    - Parte proporcional de las pagas extraordinarias:

        ◆ Paga de verano: (1.200 € / 365 días) x 74 días = 243,29 €.

        ◆ Paga de Navidad: (1.200 € / 365 días) x 74 días = 243,29 €.

    - Total: 243,29 € + 243,29 € = 486,58 € en concepto de pagas extraordinarias proporcionales al tiempo trabajado en el año.

A TENER EN CUENTA. Las pagas extraordinarias no se devengan durante situaciones de incapacidad temporal o huelga, salvo que el convenio colectivo obligue a la empresa a completar la prestación de la Seguridad Social hasta el 100 % del salario. En estos casos, el periodo de incapacidad o huelga puede descontarse de la liquidación de las pagas extraordinarias en el finiquito.

CUESTIONES

1. A efectos de finiquito, ¿qué diferencia existe entre devengar las pagas extraordinarias de forma semestral o de forma anual en verano y Navidad?

Las diferencias entre el devengo semestral y anual de las pagas extraordinarias radican en el período de generación del derecho y en el cálculo proporcional en caso de liquidación:

Devengo semestral: la cuantía de cada extra se reparte en la mitad de los días (unos 182-183/180 días). Las pagas extraordinarias se generan dentro de cada semestre natural. Por ejemplo, la paga de junio se devenga desde el 1 de enero hasta el 30 de junio, y la de diciembre desde el 1 de julio hasta el 31 de diciembre. En caso de finiquito, el trabajador tiene derecho a la parte proporcional de la paga correspondiente al tiempo trabajado dentro del semestre. Este sistema puede ser más beneficioso para trabajadores que cesan dentro de un semestre, ya que devengan la totalidad de la paga extraordinaria correspondiente a ese período. En un devengo semestral, en el primer semestre solo se gana la paga de verano; en el segundo semestre, solo la de Navidad.

- Paga de verano: se gana solo en el primer semestre (1-enero a 30-junio).

- Paga de Navidad: se gana solo en el segundo semestre (1-julio a 31-diciembre).

- En el finiquito solo se incluye la parte de la(s) extra(s) que se estén devengando en el semestre en que cae la baja; de la otra extra no hay nada generado.

Devengo anual en verano y Navidad: la cuantía de cada extra se reparte en 365/360 días. Las pagas extraordinarias se generan día a día durante todo el año, pero su vencimiento y pago se realiza en fechas específicas, como verano y Navidad. Por ejemplo, la paga de verano se devenga desde el 1 de julio del año anterior hasta el 30 de junio del año en curso, y la paga de Navidad desde el 1 de enero hasta el 31 de diciembre del año en curso. En caso de finiquito, el cálculo proporcional se realiza sobre el período anual correspondiente, lo que puede resultar en una menor cuantía para trabajadores que cesan antes de completar el año. Con un devengo anual, las dos pagas (verano y Navidad) se generan día a día, porque cada una tiene su propio periodo de un año.

— Cada paga (verano y Navidad) se gana en un año completo "de fecha a fecha".

— En el finiquito se pagan las partes proporcionales anuales de cada extra.

En ambos casos, el derecho a las pagas extraordinarias se genera de forma diaria, pero el período de referencia para calcular la parte proporcional varía. Además, el convenio colectivo aplicable puede establecer reglas específicas sobre el devengo y pago de estas gratificaciones extraordinarias

2. ¿Cómo puede afectar al importe del finiquito según la fecha de baja sea marzo o septiembre en caso de devengo semestral o anual de las pagas extraordinarias? ¿El importe anual es el mismo?

En un sistema anual, si la baja es en **marzo**, por ejemplo, ya hay una parte devengada de ambas pagas (verano y Navidad).

En un sistema semestral, si la baja es en **marzo**:

— Solo hay devengo respecto de la paga de junio (enero-marzo).

— No hay nada devengado aún de la paga de diciembre, porque su periodo (1 julio-31 diciembre) no ha empezado.

A la inversa, una baja en **septiembre**:

— Con devengo anual: parte de verano (si no se ha cobrado aún) + parte de Navidad.

— Con devengo semestral: nada de junio (ya cobrada), y solo parte de diciembre (julio-septiembre).

El importe anual total de pagas extra puede ser el mismo en uno u otro sistema; lo que cambia es cómo y cuándo se va consolidando ese derecho, y, por tanto, qué es exigible en el finiquito según la fecha de extinción del contrato y qué parte puede afectarse por una norma sobrevenida.

JURISPRUDENCIA

STS n.º 804/2017, de 17 de octubre, ECLI:ES:TS:2017:3845

Se establece que, como regla general, las pagas extraordinarias se devengan de forma anual "de fecha a fecha", pero cabe que el convenio o la práctica colectiva pacten legítimamente un devengo semestral.

3.3. Vacaciones no disfrutadas

Como regla general, el derecho a vacaciones anuales retribuidas está regulado en el artículo 38 del Estatuto de los Trabajadores (ET), que establece que estas no son sustituibles por compensación económica, salvo en el caso de extinción de la relación laboral. Este principio se complementa con la jurisprudencia del Tribunal Supremo y del Tribunal de Justicia de la Unión Europea (TJUE), que han reconocido la excepcionalidad de la compensación económica únicamente cuando el contrato de trabajo se extingue y el trabajador no ha podido disfrutar de sus vacaciones por causas ajenas a su voluntad. En este sentido:

Las vacaciones se calculan desde el 1 de enero del año en curso hasta la conclusión de la relación laboral a razón de 2,5 días y descontando los días ya disfrutados en caso de haberlos. De esta forma, **pueden darse varias circunstancias con relación a las vacaciones que influyen en el finiquito:**

- **Vacaciones disfrutadas en exceso:** si un trabajador ha disfrutado más días de vacaciones de los que le corresponden proporcionalmente al tiempo trabajado antes de la extinción del contrato, el empresario podría reclamar la devolución de los días disfrutados en exceso.

- **Ejemplo:** si un trabajador disfrutó 20 días de vacaciones, pero solo había devengado 15 días, el empresario podría descontar los 5 días excedentes de la liquidación final. Es decir, el empresario podría reclamar al trabajador la cuantificación de los días disfrutados por encima de los devengados en proporción al tiempo trabajado.

- **Vacaciones disfrutadas en el tiempo correspondiente.** No existiría crédito alguno a favor ni del empresario ni del trabajador.

- **Ejemplo:** si un trabajador disfrutó sus 23 días de vacaciones reconocidos en convenio y finaliza su relación laboral con efectos de 31 de diciembre.

- **Vacaciones no disfrutadas:** en caso de que el trabajador no haya disfrutado de sus vacaciones antes de la extinción del contrato, se genera el derecho a una compensación económica proporcional al tiempo trabajado. Este es el único caso en el que pueden ser sustituidas por una cantidad económica.

  » **Ejemplo:** si un contrato se extingue en junio y el trabajador no ha disfrutado vacaciones, se le compensarían los días devengados hasta esa fecha (aproximadamente 2,5 días por mes trabajado).

  » **Vacaciones coincidentes con incapacidad temporal:** si el trabajador no pudo disfrutar de sus vacaciones debido a una incapacidad temporal, estas pueden ser disfrutadas una vez finalizada la incapacidad, siempre que no hayan transcurrido más de 18 meses desde el final del año en que se originaron. Si el contrato se extingue antes de que pueda disfrutarlas, se genera el derecho a compensación económica. (STSJ de Andalucía, rec. 991/2024, de 25 de noviembre, ECLIES:TSJAND:2024:19037).

Las vacaciones devengadas y no disfrutadas que se abonan al finalizar la relación laboral deben cotizarse mediante una liquidación complementaria al mes de extinción del contrato. Esta liquidación comprende los días de duración de las vacaciones, sin prorrateo, y se aplica el tope máximo de cotización del mes o meses afectados, conforme al artículo 147.1 de la Ley General de la Seguridad Social (LGSS).

> **A TENER EN CUENTA**. El plazo de prescripción para reclamar la compensación económica por vacaciones no disfrutadas comienza cuando, con la extinción de la relación laboral, resulta imposible disfrutar las vacaciones de manera efectiva. (STSJ Canarias n.º 570/2016, de 5 de julio de 2016, ECLI:ES:TSJICAN:2016:3404).

3.4. Horas extraordinarias no cobradas

La jornada ordinaria se encuentra fijada por el Estatuto de los Trabajadores (máximo legal), el convenio colectivo o contrato. Todo lo que supere esa jornada anual/semanal/diaria pactada es exceso de jornada y debe retribuirse como horas extraordinarias. Se pagan mínimo como la hora ordinaria, salvo que el convenio mejore el precio.

A efectos prácticos, para liquidar las horas extraordinarias realizadas:

- **Sumar horas de trabajo efectivo** por periodo (por ejemplo, del 01-01-2026 al 15-12-2026).
- **Comparar con la jornada ordinaria del mismo periodo.** Lo que la supere = horas extraordinarias.
- **Si hay exceso de jornada sobre el límite fijado**: ese exceso debe abonarse como hora extra en la forma que marque el convenio.
  - » **Horas extraordinarias pendientes de pago:** n.º de horas extra × valor de hora extra.

3.5. Otros conceptos salariales variables

Bonus, comisiones e incentivos anuales: el incentivo variable, cuando está pactado en el contrato y se vincula a objetivos anuales, es salario y se devenga por el trabajo prestado y por el cumplimiento de esos objetivos. Por ello, a efectos de finiquito, el incentivo del periodo trabajado debe calcularse conforme a la fórmula pactada y a la práctica empresarial de años anteriores, e incluirse como cantidad debida al trabajador, salvo que exista un pacto válido y claro que establezca algo distinto y que no vulnere el art. 1256 CC ni la normativa laboral. (STSJ de Navarra, de 11 de junio de 2008 y ATS, rec. 1224/2009, de 3 de noviembre de 2009).

A efectos prácticos, para liquidar el incentivo en el finiquito:

- **Calcular la base:** retribución fija del periodo al que se refiere el incentivo (normalmente el año natural o el ejercicio económico).
- **Aplicar el porcentaje** de incentivo según objetivos y desempeño, conforme al sistema pactado y a la práctica seguida.
- **Prorratear**, si el trabajador no ha prestado servicios todo el periodo, aunque el sistema lo permita.

- **Reflejar en el documento** el período en que se han generado, las operaciones que dan derecho a comisión (ventas, contratos, etc.), el importe total de comisiones.

- Si la empresa alega pérdida de derecho por baja anterior a la fecha de pago o por supuesta mala evaluación, verificar: que tal condición figure expresamente en el contrato o convenio; y que la empresa pueda justificar y probar la evaluación negativa. Debemos **evitar la simple renuncia genérica sin contraprestación.** Si el documento utiliza expresiones genéricas tipo: *«me doy por saldado y finiquitado por todos los conceptos»* sin detallar comisiones y sin que se hayan, es muy probable que el trabajador pueda reclamarlas después y el órgano judicial niegue al finiquito valor liberatorio respecto de esas comisiones.

Pluses de naturaleza salarial: el art. 26 del ET habilita las percepciones extrasalariales y deriva la estructura salarial a la negociación colectiva o, en su defecto, a la individual, con lo que sistemáticamente se avala el pacto alcanzado por los interlocutores sociales (STS n.º 756/2023 de 23 de octubre del 2023, ECLI:ES:TS:2023:4839).

A efectos de finiquito, los pluses de naturaleza salarial (antigüedad, transporte, nocturnidad, responsabilidad, etc.) se calculan igual que el resto del salario: se prorratea lo devengado hasta la fecha de baja (por días o meses) y se incluye en: 1) salario del último periodo trabajado, 2) parte proporcional de pagas extras si esos pluses forman parte de su base, y 3) salario regulador de las vacaciones no disfrutadas.

> **RESOLUCIÓN RELEVANTE**
>
> **STSJ de Cataluña, rec. 5634/2006, de 14 de Septiembre, ECLI:ES:TSJCAT:2007:9427**
>
> En relaciones de alta dirección, lo decisivo será lo que se haya pactado en el contrato o acuerdo de extinción; si se discute si los pluses están incluidos en una cantidad global, quien lo afirme debe poder probarlo con claridad.

Atrasos salariales: un atraso salarial es una situación en la que los trabajadores reciben cantidades salariales inferiores a las establecidas con carácter retroactivo en un convenio colectivo. Esto sucede generalmente por un incremento del IPC o por la aparición de un nuevo convenio colectivo. Debido a esto, los trabajadores tienen derecho a percibir una cantidad adicional, conocida como atraso salarial.

Distintas sentencias han reconocido el derecho de los trabajadores a cobrar los atrasos de convenio incluso después de haber extinguido el contrato. Para los tribunales, no puede entenderse extinguida una obligación de pago cuando ésta haya nacido con posterioridad a la suscripción del recibo de finiquito.

Cuando en virtud de una disposición legal o de convenio colectivo se deban abonar salarios con efecto retroactivo, éstos se liquidarán en el mes que sean exigibles. En términos prácticos a efectos de finiquito:

- Si el finiquito incluye una mención al derecho a futuros atrasos de convenio (por ejemplo, cláusula tipo: «Pendiente de regularización de posibles atrasos de convenio colectivo correspondientes al período

X–Y, que se abonarán en su momento»), quedaría abierta la vía para exigírselos una vez se firme y publique el convenio.

- Si el finiquito se firma con una fórmula de «recibido, no teniendo nada más que reclamar por ningún concepto», sin referencia alguna a posibles atrasos futuros, el caso indica que la trabajadora quedaría sin posibilidad de reclamarlos.

En estos casos, se hallará la diferencia entre lo que han percibido los trabajadores en el período indicado en el convenio y lo que deberían haber percibido. Los convenios colectivos suelen establecer entre sus cláusulas las normas para el cálculo de estos atrasos basadas, como norma general, en las diferencias entre el IPC provisional establecido en la negociación colectiva y el publicado por el INE con carácter real.

El apdo. 1.c) 3.º del art. 56 del Real Decreto 1415/2004, de 11 de junio, por el que se aprueba el Reglamento General de Recaudación de la Seguridad Social, establece: «Respecto de los incrementos salariales debidos a convenio colectivo, el plazo reglamentario de ingreso finalizará el último día del mes siguiente a aquel en que deban abonarse, en todo o en parte, dichos incrementos en los términos estipulados en el convenio y, en su defecto, hasta el último día del mes siguiente al de su publicación en el boletín oficial correspondiente».

3.6. Percepciones no salariales pendientes de abono y cualquier indemnización que pudiera corresponder

Todas las percepciones se integran en el paquete global de salida y se someten al juego combinado del acuerdo extintivo y del finiquito. En el finiquito, por tanto, pueden incluirse también percepciones no salariales o extrasalariales que compensan gastos que el trabajador soporta por el desempeño del trabajo en condiciones no ordinarias como, entre otros:

- Dietas y gastos de viaje (manutención, alojamiento, transporte).
- Plus de distancia, de transporte o similares, cuando compensan efectivamente el coste de desplazamiento.
- Indemnizaciones o suplidos por uso de medios propios (móvil, vehículo, herramientas, etc.).
- Determinadas indemnizaciones por extinción. Por **ejemplo**:
  » **Indemnización por despido objetivo/colectivo:** 20 días por año, con un máximo de 12 mensualidades.
  » **Indemnización por falta de preaviso:** en determinados despidos objetivos, la empresa debe dar un preaviso de 15 días. Si no lo cumple, debe abonar al trabajador una indemnización sustitutiva del preaviso, que se incluye como una partida más dentro del finiquito.

Este concepto está regulado en el artículo 53 del Estatuto de los Trabajadores.

- **Ejemplo:** si no se le dio el preaviso en caso de despido objetivo corresponden 15 días de salario como indemnización. Suponiendo un supuesto en el que el trabajador percibe un salario mensual de 1.600 euros:

  - 1600/30 días = 53,34 euros por día de ausencia de preaviso.

  - 53,34 euros x 15 días = 800 euros de indemnización por falta de preaviso.

- **Indemnización por despido improcedente:** 33 días de salario por año trabajado, con un tope de 24 mensualidades. Se calcula por tramos para contratos anteriores a la reforma de 2012 (donde se aplican 45 días/año) y prorrateando los meses incompletos.**Indemnización por fin del contrato temporal:** de 12 días por año.

- **Indemnización por rechazo de modificación sustancial de las condiciones de trabajo:** 20 días por año, con un máximo de 9 mensualidades.

- **Indemnización por rechazo de movilidad geográfica:** 20 días por año, con un máximo de 12 mensualidades.

JURISPRUDENCIA

STS n.º 166/2020, de 21 de Febrero de 2020, ECLI:ES:TS:2020:863

El Tribunal Supremo reitera que el cómputo del **importe del alquiler de vivienda** abonado por la empresa a un trabajador expatriado ha de formar parte del salario regulador a efectos indemnizatorios en caso de despido.

4.
VALOR EXTINTIVO Y LIBERATORIO DEL FINIQUITO

Para que la firma del finiquito por parte de la persona trabajadora adquiera **valor extintivo de la relación laboral** —manifieste la extinción de la relación laboral— **y liberatorio** —liberando al empresario del abono de cualquier otro concepto salarial o extrasalarial derivado de la relación laboral que no se encuentre reflejado entre las cantidades devengadas— **han de cumplirse una serie de requisitos establecidos por la jurisprudencia ante el vacío legal de la normativa.**

Para que el finiquito suponga **aceptación de la extinción del contrato,** debería incorporar (STSJ de Madrid n.º 319/2010, de 22 de abril de 2010, ECLI:ES:TSJM:2010:6055 y STSJ de Madrid, rec. 432/2025, de 23 de junio, ECLI:ES:TSJM:2025:9077):

- La voluntad unilateral del trabajador de extinguir la relación.
- Un mutuo acuerdo sobre la extinción.
- Una transacción en la que se acepte el cese acordado por el empresario.
- Referencia pormenorizada a los conceptos económicos saldados de forma que nada quede pendiente de pago a la extinción de la relación laboral entre las partes (tales como: el salario del mes en el que se cesa, las pagas extraordinarias, la parte proporcional de la paga de beneficios o incentivos, las vacaciones no disfrutadas o las percepciones no salariales pendientes).

Según el Tribunal Supremo, para determinar el alcance y contenido del pacto o acuerdo manifestado en un documento de finiquito se requiere un **examen interpretativo sobre la literalidad y concurrencia de todos los elementos de forma individual para cada caso.** A pesar de la falta de especificación normativa al respecto, se han definido **conceptos sobre los que el valor libratorio del finiquito no actúa,** por lo que su firma —o intento de firma—, **no supondrá la efectividad del mutuo acuerdo extintivo de las partes:**

a) **Lesión grave para alguna de las partes, fraude de ley o abuso de derecho** (art. 84.1 de la LRJS).

b) **Vicios en la voluntad de las partes** (en caso de acreditarse).

c) **Pactos contrarios a una norma imperativa, al orden público o en perjuicio de terceros** (STS, rec. 4977/1998, 28 de febrero de 2000, ECLI:ES:TS:2000:1542).

d) Renuncias genéricas y anticipadas de derechos.

e) Renuncias a las deudas nacidas con posterioridad a la firma del finiquito.

f) Transacción o renuncia sobre derechos reconocidos por sentencias firmes favorables al trabajador.

g) Cantidades que vinieran pagándose fuera de nómina.

h) **Causa ilícita del contrato temporal** (STS, rec. 1067/2008, de 21 de julio de 2009, ECLI:ES:TS:2009:5363) o **liquidación de sucesivos contratos temporales fraudulentos** (STS, rec. 3256/2007, de 18 de febrero de 2009).

i) Firma dejando constancia de la **disconformidad en el recibí de las cantidades** (STS, rec. 3256/2007, de 18 de febrero de 2009, ECLI:ES:TS:2009:1062).

j) Cuando el documento está **redactado en términos que inducen a error** sobre la intención de las partes que lo firman (STS, rec. 34/2013, de 2 de diciembre 2013,ECLI:ES:TS:2013:6436).

La doctrina jurisprudencial fija **importantes límites asociados al art. 3.5 del ET y vicios del consentimiento:**

Art. 3.5 ET (irrenunciabilidad de derechos)

Los trabajadores no pueden renunciar válidamente, antes o después de su adquisición, a derechos reconocidos por normas de derecho necesario o por convenio colectivo. Pero sí pueden disponer de:

- Derechos de origen contractual supralegal (que mejoran el mínimo imperativo).
- Situaciones indemnizatorias o beneficios adicionales ofrecidos en el marco de una transacción.

Impedir toda renuncia incluso sobre estos derechos disponibles vulneraría tanto el art. 49.1 a) y d) ET (que reconocen al trabajador el derecho a extinguir voluntariamente el contrato y a conciliar sus intereses económicos mediante acuerdos) como las normas civiles básicas sobre autonomía de la voluntad (art. 1256 CC, entre otros).

Vicios del consentimiento (arts. 1265 y ss. CC)

- Error, dolo, violencia o intimidación pueden privar al finiquito de eficacia liberatoria.
- En particular, la intimidación (art. 1267 CC) exige un temor racional y fundado de sufrir un mal inminente y grave en la persona o bienes del contratante o de sus allegados.
- No basta la mera presión psicológica propia de cualquier negociación ni el temor a perder una ventaja económica si no se acepta una transacción.

a) Uso de un finiquito firmado en blanco o renuncias anticipadas a derechos

El finiquito supone la expresión de un consentimiento, que, en principio, debe presumirse libre y conscientemente emitido y manifestado -por lo tanto, sin vicios que lo invaliden- y recaído sobre la cosa y causa, que han de constituir el contrato, según quiere el art. 1.262 del Código Civil.

El uso de un finiquito firmado en blanco constituye un delito tipificado hoy en el art. 311.1 del Código Penal (STS, de 17 de julio de 1992, ECLI:ES:TS:1992:12173).

Las renuncias genéricas y anticipadas de derechos efectuadas en los recibos de finiquito contrariarían lo dispuesto en los art. 3.5 del ET y 3 de la LGSS, debiendo por ello considerase nulas (STS de 28 de abril de 2004, sobre un finiquito en el que se renuncia a una indemnización que pudiera corresponderle a un trabajador por incapacidad permanente aún no reconocida en el momento de firmarse aquel). (STS, rec. 4977/1998, de 28 de febrero de 2000, ECLI:ES:TS:2000:1542).

Son ilegales las renuncias a las deudas nacidas con posterioridad a la firma del finiquito, tales como las derivadas de una posterior modificación del convenio colectivo con efectos retroactivos (STS de 21 de diciembre de 1973, de 2 de julio de 1976, de 11 de junio de 1987 o de 30 de septiembre de 1992), de indemnizaciones por incapacidad permanente todavía no reconocida (STS de 28 de agosto de 1984, de 31 de mayo de 1985, de 28 de noviembre de 1986 o de 11 de mayo de 1987) o de mejoras complementarias de la Seguridad Social para la incapacidad permanente parcial declarada con posterioridad a la firma del finiquito (STS de 25 de septiembre de 2002 o de 11 de noviembre de 2003).

Se prohíbe la transacción o la renuncia de los derechos reconocidos por sentencias firmes favorables al trabajador, tales como indemnizaciones por despidos declarados judicialmente improcedentes o por resoluciones unilaterales del contrato por voluntad del trabajador (art. 247 de la LRJS). (STS, rec. 6438/2003, de 18 de noviembre de 2004, ECLI:ES:TS:2004:7490).

Compensación de los gastos de viaje ocasionados por los desplazamientos: cuando no responde a desplazamientos por tratarse de una partida salarial más. Cuando el trabajador perciba todos los meses una cantidad en concepto de desplazamientos, sin que existieran los mismos, los Tribunales consideran que esta cantidad se trata de una "partida salarial más" y cualquier fórmula recogida en el finiquito como: *«quedando satisfechas todas las sumas derivadas de este procedimiento»* o *«se dan por saldadas diferencias económicas mantenidas con la empresa, tras la extinción de la reclamación laboral, sin que tenga nada más que reclamar»*, no es obstáculo para que prospere la reclamación salarial del trabajador, porque los conceptos reclamados no se encontraban recogidos en el acuerdo. (STSJ de Extremadura, de 1 de febrero de 2002, ECLI:ES:TSJEXT:2002:280).

En definitiva, el uso del finiquito como documento "comodín" para blindar a la empresa frente a cualquier futura reclamación –mediante fórmulas genéricas, cláusulas predispuestas o incluso firmas en blanco– choca con la lógica protectora del Derecho del Trabajo. El finiquito es válido y eficaz para lo que es: acreditar el pago y la liquidación de cantidades devengadas y efectivamente conocidas por ambas partes. Pero **no puede servir para que el trabajador renuncie de manera genérica y anticipada a derechos no devengados**, especialmente cuando se trata de derechos reconocidos por normas imperativas o por convenios colectivos, como sucede con muchas indemnizaciones ligadas a la incapacidad permanente. En estos casos, la jurisprudencia considera que esa pretendida renuncia es ineficaz y que el trabajador conserva su derecho a reclamar la indemnización cuando, efectivamente, se consolida la situación de incapacidad y nace el derecho económico correspondiente.

Como **ejemplos** de la interpretación judicial del finiquito que establece una renuncia genérica de futuro encontramos:

STS, rec. 4247/2002, de 28 de abril de 2004, ECLI:ES:TS:2004:2831. No es válido el que establece una renuncia genérica de futuro a una indemnización por una **incapacidad permanente** que todavía no ha sido reconocida.

En el caso analizado, el trabajador firma un acuerdo de extinción y un finiquito en el que declara haber percibido «toda cantidad» que la empresa pudiera adeudarle y renuncia expresamente a «cualquier tipo de reclamación ulterior». A simple vista podría parecer el típico documento de cierre de la relación laboral. Sin embargo, en paralelo se estaba tramitando una situación de incapacidad permanente que todavía no había sido formalmente reconocida. El convenio colectivo preveía una indemnización específica por cese debido a incapacidad permanente, pero ese derecho solo nace cuando la incapacidad es reconocida y se produce el devengo de la indemnización.

Aquí aparece la primera cuestión clave: el finiquito solo puede tener verdadero alcance liberatorio respecto de créditos ya nacidos y concretos, no sobre derechos que aún no se han devengado. Convertir un finiquito en una especie de «renuncia total al futuro» desnaturaliza su función. El Supremo subraya que, en aquel momento, el documento solo recogía una liquidación de salarios y conceptos claramente identificados (vacaciones, pagas extraordinarias, etc.), mientras que la indemnización por incapacidad permanente era un derecho todavía no nacido. Pretender que una fórmula genérica del tipo "no queda nada por reclamar" incluya esa indemnización supondría admitir una renuncia anticipada de un derecho eventual, lo que choca frontalmente con el principio de irrenunciabilidad de los derechos sociales.

STS, rec. 3842/2002, de 11 de noviembre de 2003, ECLI:ES:TS:2003:7054. Refuerza la protección de los derechos de los trabajadores frente a prácticas abusivas como el **uso de finiquitos en blanco o la imposición de renuncias anticipadas**, garantizando que cualquier acuerdo relacionado con la extinción de la relación laboral sea transparente, libre de vicios y conforme a la normativa vigente. En particular, se destaca lo siguiente:

- **Finiquitos firmados en blanco:** constituyen un delito tipificado en el artículo 311.1 del Código Penal, ya que vulneran los principios de consentimiento libre y consciente que deben regir cualquier acuerdo contractual. La firma de un finiquito en blanco no puede considerarse válida ni vinculante, dado que no refleja la voluntad real del trabajador ni garantiza la transparencia en la relación laboral.

- **Renuncias anticipadas a derechos:** las renuncias genéricas y anticipadas de derechos en los recibos de finiquito son nulas, conforme a lo dispuesto en los artículos 3.5 del Estatuto de los Trabajadores y 3 de la Ley General de la Seguridad Social. Estas renuncias vulneran normas imperativas y el orden público, y no pueden ser utilizadas para privar al trabajador de derechos que aún no han nacido o que son irrenunciables por su naturaleza.

- **Interpretación de los finiquitos:** la jurisprudencia establece que el alcance y contenido de los finiquitos deben ser interpretados de manera estricta, atendiendo a la intención de las partes y a los términos específicos del acuerdo. No se pueden incluir renuncias a derechos que no estén expresamente mencionados ni a conceptos que no hayan sido devengados en el momento de la firma.

STS, rec. 804/2004, de 19 de febrero de 2007, ECLI:ES:TS:2007:2498. En este caso el texto del documento firmado incluye que el trabajador se considera saldado y finiquitado «así como del Régimen de Previsión del Personal», y que no tiene «nada más que pedir ni reclamar», lo que impediría el rescate de los **derechos consolidados en el plan de previsión social** de la entidad bancaria a la que pertenecía.

Para el Tribunal, una renuncia o transacción válida sobre esos derechos de previsión social exige algo más que una fórmula estándar de "saldado y finiquitado por todos los conceptos". Se requiere que, del texto, y de las circunstancias, se desprenda inequívocamente que el trabajador sabía que estaba disponiendo de ese derecho específico –el de rescate o movilización de sus derechos consolidados– y que quería efectivamente renunciar a él. Cuando esa claridad no existe, el finiquito no puede operar como una cortapisa absoluta a posteriores reclamaciones en materia de previsión social complementaria.

Recurriendo a su propia doctrina anterior, el Tribunal insiste en que del conjunto de documentos no se deduce que el trabajador fuera "consciente ni quisiera renunciar" a lo que luego reclama: el derecho a rescatar o movilizar el fondo constituido a su favor en el régimen de previsión. La referencia genérica al Régimen de Previsión se interpreta como una constatación de baja, no como una renuncia sustantiva a los derechos económicos que ya estaban consolidados.

La consecuencia de este razonamiento es clara: aunque el trabajador firmó un finiquito de contenido amplio, ello no le impide ejercitar, con posterioridad, la acción para obtener el rescate, movilización o transferencia de sus derechos consolidados en el Plan o Régimen de Previsión de La Caixa. El finiquito cierra el capítulo del despido y de las deudas laborales ordinarias, pero no alcanza, en este caso, a los derechos de previsión social complementaria, por falta de una voluntad de renuncia suficientemente clara y específica.

CUESTIÓN

¿La prohibición de renuncia de derechos impide formalizar acuerdos transaccionales que pongan fin a los conflictos laborales?

No. La prohibición de renuncia de derechos no impide acuerdos transaccionales que pongan fin a los conflictos laborales, tal como han señalado las STS, rec.

3464/1997, de 24 de junio de 1998, ECLI:ES:TS:1998:4233; STS, rec. 4977/1998, de 28 de febrero de 2000, ECLI:ES:TS:2000:1542; STS, rec. 3842/2002, de 11 de noviembre de 2003, ECLI:ES:TS:2003:7054; STS, rec. 6438/2003, de 18 de noviembre de 2004, ECLI:ES:TS:2004:7490 y STS, rec. 50/2005, de 27 de abril de 2006, ECLI:ES:TS:2006:3023.

La STS, rec. 4247/2002, de 28 de abril de 2004, ECLI:ES:TS:2004:2831, ha señalado que «(...) *el correcto entendimiento de la prohibición que establecen los preceptos citados del E.T. y de la L.G.S.S. exige tener en cuenta los límites que derivan de la recepción en el ámbito laboral de la transacción como medio de poner fin a las controversias laborales (art. 1809 del CC). Los actos de disposición en materia laboral han de vincularse a la función preventiva del proceso propia de la transacción y, aún en ese marco, han de establecerse las necesarias cautelas (...), a tenor del cual "si el órgano judicial estimare que lo convenido es constitutivo de lesión grave para alguna de las partes, de fraude de ley o de abuso de derecho, no aprobará el acuerdo". Desde esta perspectiva parece claro que el finiquito puede cumplir esa función transaccional, aunque quede al margen, como en el presente caso, de los cauces institucionales de conciliación. Pero para que la disposición sea válida será necesario que el acuerdo se produzca para evitar o poner fin a una controversia (artículo 1809 del CC), en la que el derecho en cuestión aparezca como problemático. Por otra parte, el objeto de la transacción debe estar suficientemente precisado, como exige el artículo 1815 del CC, sin que puedan aceptarse declaraciones genéricas de renuncia que comprendan derechos que no tienen relación con el objeto de la controversia (art. 1815.2 del CC)*».

La jurisprudencia ha mantenido que los finiquitos sin perjuicio de su valor normalmente liberatorio —deducible en principio de la seguridad del tráfico jurídico e incluso de la buena fe del otro contratante— vienen sometidos como todo acto jurídico o pacto del que es emanación externa a un control judicial. Control que puede y debe recaer, fundamentalmente, sobre todos aquellos elementos esenciales del pacto previo -mutuo acuerdo, o, en su caso, transacción- en virtud del cual aflora al exterior y es, con motivo de este examen e interpretación, cuando puede ocurrir que el finiquito pierda su eficacia normal liberatoria, sea por defectos esenciales en la declaración de voluntad, ya por falta de objeto cierto que sea materia del contrato o de la causa de la obligación que se establezca (art. 1261 del CC) ya por ser contrario a una norma imperativa, al orden público o perjudique a terceros. (STS, rec. 4977/1998, de 28 de febrero de 2000, ECLI:ES:TS:2000:1542; STS, rec. 2520/1999, de 24 de julio de 2000, ECLI:ES:TS:2000:6259; STS, rec. 1067/2008, de 21 de julio de 2009, ECLI:ES:TS:2009:5363).

|| b) Rúbrica: «estar al corriente del pago»

Los documentos de finiquito solo pueden tener efectos liberatorios **sobre aquellos conceptos expresamente indicados como objeto de liquidación** (STS, rec. 1067/2008, de 21 de julio de 2009, ECLI:ES:TS:2009:5363) y para que se produzca el referido efecto liberatorio es necesario que el documento ponga de manifiesto una voluntad clara e inequívoca del trabajador, referida a conceptos concretos de la relación laboral, sin que puedan aceptarse declaraciones genéricas de renuncia que comprendan derechos que no tengan relación con el objeto de la controversia. (STS n.º 1007/2017, de 14 de diciembre de 2017, ECLI:ES:TS:2017:4777).

Firmar un finiquito con la mención «estar al corriente de pago» significa, a ojos de la sección de lo social del tribunal de instancia competente, que el trabajador reconoce que ya ha cobrado todo lo que se le debe. Y una vez prestado ese reconocimiento, revertir sus efectos procesales se convierte en una tarea muy difícil. Desde el punto de vista de la carga de la prueba, esto tiene consecuencias muy claras: si existe un finiquito firmado en el que el trabajador reconoce estar "al corriente de pago", el juez puede concluir que la deuda ha quedado extinguida. Solo si el trabajador logra aportar una prueba contundente en sentido contrario (por ejemplo, demostrando que la firma se obtuvo con engaño, que el documento fue manipulado o que nunca llegó a recibir efectivamente el dinero), podrá desvirtuar el valor probatorio de ese reconocimiento. En ausencia de esa prueba fuerte, el finiquito actúa como un recibo global, difícil de combatir a posteriori.

A TENER EN CUENTA. La expresión «estar al corriente de pago» no es una simple fórmula vacía: equivale, en la práctica, a cerrar la cuenta entre empresa y trabajador. Lo que no se discute ni se excluye expresamente en ese documento resultará muy complicado reclamarlo después. De ahí la importancia de que el trabajador lea el finiquito con detenimiento, compruebe que las cantidades son correctas y, en caso de duda, añada reservas o se niegue a firmar hasta recibir la información completa o el asesoramiento adecuado.

Como ejemplo, la STSJ de Cantabria n.º 102/2021, de 11 de febrero de 2021, ECLI:ES:TSJCANT:2021:31, ha entendido que no es posible conceder el efecto liberatorio sobre una posible reclamación posterior del pago de horas extraordinarias no abonadas por haber rubricado estar al corriente del pago de las nóminas: «*Se trata de una expresión genérica que no puede comprender un concepto retributivo concreto y específico como las horas extraordinarias, al que ninguna referencia se hace en el citado documento, pese al importe al que asciende*».

JURISPRUDENCIA

STS, n.º 1163/2023, 14 de diciembre de 2023, ECLI:ES:TS:2023:5799

Analizando el valor libratorio del finiquito y las consecuencias del incumplimiento de un pacto de no competencia postcontractual desde la perspectiva de que «La interpretación de las cláusulas oscuras de un contrato no deberá favorecer a la parte que hubiese ocasionado la oscuridad. (art. 1288 CC)-», el TS entendiendo:

- El valor liberatorio del finiquito respecto del pacto de confidencialidad no aplicaba a situaciones posteriores a la finalización del contrato, basándose en la singularidad de cada caso y las diferencias entre los acuerdos firmados.

- La retribución asignada al pacto de no competencia era en realidad salario y no una indemnización por restricción de trabajo postcontractual, al no haber una compensación económica adicional claramente atribuida a tal efecto.

STS, rec. 804/2010, de 22 de marzo de 2011, ECLI: ES:TS:2011:2271

Los Tribunales estiman que **el finiquito sólo tiene valor liberatorio respecto a las cantidades y conceptos que figuran en el mismo,** pero no respecto a las restantes como es el caso de las cantidades que vinieran pagándose fuera de nómina.

STS, rec. 320/2004, de 7 de diciembre de 2004, ECLI:ES:TS:2004:7897

Finiquito en contrato fraudulento. El finiquito puede tener valor liberatorio, aun siendo fraudulento el contrato, en caso de acuerdo entre las partes, si su contenido refleja la voluntad del trabajador de extinguir el contrato.

RESOLUCIÓN RELEVANTE

STSJ de Cataluña, de 7 de abril de 1999, ECLI:ES:TSJCAT:1999:3604

Acuerdo entre empresa y trabajador en acto de conciliación judicial. El acuerdo alcanzado entre la empresa y el trabajador en el acto de conciliación judicial previo al inicio del proceso judicial ha de ser tenido como un finiquito plenamente liberatorio en cuanto de sus términos gramaticales se pone de manifiesto la voluntad de ambas partes de dar por extinguida con ese acuerdo la relación laboral, sin que puedan entenderse excluidas del pacto las partidas que el actor reclama en su demanda por el hecho de que no se hubieren desglosado.

STSJ de Comunidad Valenciana, rec. 670/2011, de 5 de julio de 2011, ECLI:ES:TSJCV:2011:5370

En la sentencia que nos ocupa, el Tribunal parte precisamente de ese criterio: el trabajador había firmado un finiquito en el que constaba que había recibido una indemnización por despido improcedente de más de 23.000 euros. Aunque luego negó el cobro de esa cantidad, la Sala entiende que el juez de instancia pudo, legítimamente, basar su convicción en el contenido del finiquito. Es decir, la firma del documento, unida a la mención de la cantidad concreta, bastó para considerar acreditado el pago, pese a las dudas del trabajador sobre la forma en que se había hecho efectivo (por ejemplo, si fue o no por transferencia bancaria, como solían abonarse las nóminas).

c) Finiquito con liquidación inferior a la que legalmente corresponde

En el marco de la relación laboral, la ley no deja al arbitrio de las partes el contenido mínimo de la liquidación al extinguirse el contrato. El trabajador tiene derecho a una **liquidación completa**, que incluya la **indemnización legalmente correcta, los salarios debidos, las partes proporcionales de pagas extraordinarias y vacaciones, así como, en su caso, el preaviso o el salario equivalente cuando este no se respeta.** Esa suma global constituye el estándar mínimo que la empresa debe satisfacer; cualquier cantidad inferior supone, en realidad, un pago incompleto de derechos ya nacidos.

Cuando, pese a ello, se hace firmar al trabajador un documento de «saldo y finiquito» y lo abonado es inferior a lo que realmente corresponde por ley, se producen dos consecuencias esenciales.

En primer lugar, ese finiquito **no tiene eficacia extintiva adicional.** Es decir, no transforma un despido decidido unilateralmente por el empresario en una extinción "de mutuo acuerdo", ni puede interpretarse como una aceptación libre y consciente del cese por parte del trabajador. No puede considerarse que exista un verdadero acuerdo extintivo porque el documento implica, de hecho, una **renuncia a derechos mínimos indisponibles,** como el preaviso o su equivalente en salario, en contra de lo dispuesto en el **apdo. 5 del art. 3 del Estatuto de los Trabajadores.** Además, falta el elemento propio de la transacción: no hay una negociación real encaminada a prevenir o poner fin a un conflicto, sino la simple imposición empresarial de una suma inferior a la debida, envuelta en una fórmula estándar de "saldado y finiquitado". En tales condiciones, el finiquito no puede elevarse a la categoría de pacto válido de extinción ni de renuncia eficaz.

En segundo lugar, ese finiquito no **despliega una plena eficacia liberatoria en favor de la empresa**. El hecho de que el trabajador haya firmado el documento y cobrado la cantidad ofrecida **no cierra la puerta a posteriores reclamaciones.** La empresa no puede ampararse en la firma del finiquito para oponerse a que el trabajador solicite la diferencia entre lo percibido y lo que realmente le corresponde o para impedir que impugne el propio despido. La firma, en este escenario, solo puede entenderse como reconocimiento de haber recibido cierta cantidad, pero no como una renuncia válida y definitiva a los derechos legales ni como convalidación del despido. Por ello, aunque exista un finiquito suscrito, el trabajador conserva intacta la posibilidad de **reclamar lo que falta y de acudir a los tribunales** para que se revise la procedencia del cese. (STS, rec. 4977/1998, de 28 de febrero de 2000, ECLI:ES:TS:2000:1542 y STS, rec. 3189/2000, de 11 de junio de 2001, ECLI:ES:TS:2001:4900).

JURISPRUDENCIA

STS, rec. 1157/2007, de 13 de mayo de 2008, ECLI:ES:TS:2008:2342

La ley marca una concreta la liquidación mediante finiquito (indemnización correcta + salarios + preavisos, etc.). Si lo abonado es inferior a la suma que realmente corresponde esto conduce a dos conclusiones importantes:

– **No tiene eficacia extintiva adicional: no convierte el despido en consensuado ni significa aceptación de este.** El finiquito no puede considerarse un acuerdo válido en el que la trabajadora renuncie válidamente al preaviso o a su equivalente en salario, porque supone una renuncia a derechos mínimos indisponibles (art. 3.5 del ET) y no cumple una función transaccional real (no consta negociación para evitar o resolver un conflicto).

– **No tiene plena eficacia liberatoria: no cierra la posibilidad de reclamar lo que falta ni de demandar por despido.** El hecho de haber cobrado y firmado no impide reclamar después lo que falta ni impugnar el despido.

5.
FALSEDAD O ALTERACIÓN DEL FINIQUITO

La falsedad, alteración o firma en blanco con anterioridad a la extinción del finiquito constituye un delito penal contra los derechos de los trabajadores. En caso de falsedad o alteración se exige la suspensión del proceso laboral de reclamación y la interposición de querella en el plazo de 8 días.

En la práctica, en el ámbito laboral se dan principalmente **tres situaciones problemáticas:**

- **Falsedad directa de la firma.** Alguien imita la firma del trabajador en el finiquito o carta de despido o se pega una firma escaneada, o se manipula el documento para que parezca firmado.

- **Alteración del contenido de un documento ya firmado.** El trabajador firma un documento (por ejemplo, un finiquito con unas cantidades), y posteriormente alguien altera las cifras, las fechas o el texto (por ejemplo, añadiendo que «nada tiene que reclamar» cuando no figuraba).

- **La llamada «firma en blanco».** El trabajador firma un papel en blanco o un documento incompleto (por ejemplo, solo con el membrete, sin cantidades ni texto definitivo), confiado en la empresa. Después, la empresa rellena el documento con un contenido distinto al pactado o incluso contrario a la voluntad del trabajador (por ejemplo, pone que ha cobrado todo, que no reclama nada, etc.).

Las consecuencias para la empresa que recurre a estas prácticas son relevantes. En lo penal, puede enfrentarse a condenas por falsedad en documento privado, y si ha intentado engañar a un juez, por estafa procesal, con penas de prisión y condena en costas. En lo laboral, la pérdida de credibilidad del finiquito puede traducirse en sentencias que declaren el despido improcedente, reconozcan salarios pendientes e, incluso, pongan de manifiesto una conducta procesal desleal (arts. 311, 395-396 del Código Penal) .

La Sala de lo Penal ha considerado alteraciones sustanciales aquellas que mediante agregación de frases o palabras varíen el significado del documento dándole eficacia extintiva a la relación laboral.

La impugnación del finiquito, cuando se alega en juicio su **falsedad, alteración o su obtención involuntaria,** ha de englobarse en un procedimiento particular. Se procede a la suspensión de todas las actuaciones, concediendo un plazo de ocho días al interesado para que aporte la documentación acreditativa de la interposición de la correspondiente querella. La suspensión se mantendrá hasta que se dicte sentencia o auto de sobreseimiento en la causa criminal, hecho que debe ser notificado al Juez o Tribunal por cualquiera de las partes.

Del mismo modo, el art. 7.4 de la LISOS considera falta grave en materia de relaciones laborales el incumplimiento de las obligaciones establecidas en materia de tramitación de los recibos de finiquito.

RESOLUCIÓN RELEVANTE

STSJ de Castilla y León, rec. 60/2025, de 22 de julio, ECLI:ES:TSJCL:2025:3477 y SAP de Valladolid, rec. 44/2024, de 1 de abril del 2025, ECLI:ES:APVA:2025:688

En esta sentencia se analiza de falsedad en documento privado aplicada a una carta de despido y un finiquito laboral que el trabajador nunca firmó, pero que el empresario presentó en el procedimiento de despido como si fueran verdaderos. La Audiencia Provincial y el TSJ concluyen que el acusado simuló la firma del trabajador y luego presentó esos documentos en el procedimiento laboral de despido. Eso, penalmente, se califica como:

– Delito de falsedad en documento privado: porque se simula la firma de otra persona en un documento que tiene relevancia jurídica (el finiquito y la carta de despido), sin su consentimiento.

– En concurso de normas con un delito de estafa procesal intentada: porque se usan esos documentos falsos en un proceso judicial (el de despido) para engañar al juez y obtener una resolución favorable (hacer creer que el trabajador cobró y aceptó el despido).

JURISPRUDENCIA

STS n.° 860/2013, de 26 de noviembre de 2013, ECLI:ES:TS:2013:5711

Sobre falsedad en documento privado y estafa en grado de tentativa, aclara que:

La estafa procesal tiene lugar en aquellos casos en que una de las partes engaña al Juez y le induce con la presentación de falsas alegaciones a dictar una determinada resolución que perjudica los intereses económicos a la otra parte o de terceros acusados del acto de disposición.

El delito de estafa procesal se consuma en el momento en que se dicta la resolución judicial en primera instancia, puesto que la obligación que la misma conlleva incide ya de manera directa sobre el patrimonio con el consiguiente perjuicio.

La redacción de un documento aprovechando la firma auténtica en blanco puesta con anterioridad es un acto de simulación, pues se finge que se corresponde a la voluntad del firmante algo que solo fue añadido por otra persona. La autenticidad de la firma no equivale a autenticidad del contenido del documento.

STS n.° 860/2013, de 26 de noviembre de 2013, ECLI:ES:TS:2013:5711

Sobre falsedad en documento privado y estafa procesal.

STS, rec. 4977/1998, de 28 de febrero de 2000, ECLI:ES:TS:2000:1542

La firma del finiquito no impide reclamar derechos mínimos indisponibles ni impugnar el despido.

STS, rec. 4247/2002, de 28 de abril de 2004, ECLI:ES:TS:2004:2831

No se puede dar eficacia a un finiquito que contenga una renuncia genérica y anticipada a derechos futuros

Alteración posterior del contenido del finiquito

Más sutil, pero no menos grave, es la **alteración posterior del contenido**. El trabajador firma un documento, quizás un recibo de cantidades, creyendo que se limita a reconocer un pago concreto. Después, alguien modifica el texto: se añaden partidas, se cambian las cifras o se introduce una cláusula general de "nada más que reclamar" que no estaba cuando se firmó. Desde la óptica laboral, el consentimiento está viciado: el trabajador no aceptó esa versión final del documento. Si puede probarlo —por ejemplo, con testigos, diferencias de tinta o escritura, contradicciones en las fechas— la sección de lo social del tribunal de instancia puede negar eficacia al finiquito y reconocer que aún existen cantidades debidas o incluso que el despido es improcedente. Desde el punto de vista penal, esa manipulación también puede considerarse falsedad, pues el documento final ya no refleja la verdadera voluntad del firmante.

CUESTIÓN

¿Cómo se demuestra la existencia de un delito de falsedad en documento privado?

Del art. 395 en relación con el art. 390, 1, 2° y 3° del CP, para la existencia de dicha modalidad delictiva se precisa de un elemento objetivo o material, consistente en la **alteración de la verdad mediante la simulación de un documento en todo o en parte**, de manera que induzca a error acerca de su autenticidad, y que además supuso la intervención en un acto de quien no intervino, como ha sido el caso presente. Esa alteración debe incidir sobre elementos del documento con relevancia, para la relación jurídica al que se destina, concretamente y en el caso, respecto a la firma de Agustín. Y un elemento subjetivo del injusto concretado en el dolo falsario, consistente en la conciencia y voluntad del autor de alterar la realidad y perjudicar a otro. En la práctica casi nunca hay una confesión directa y estos casos se resuelven mediante pruebas indiciarias en base a:

a) Declaraciones de las partes y testigos.

b) Informe pericial caligráfico.

c) Documental que muestra la cronología de los hechos (como contrato de trabajo, nóminas anteriores, demanda de despido, acta de suspensión en lo social, resolución de baja en Seguridad Social, etc.) y contradicen el documento falsificado.

d) Audios de las conversaciones entre los partes grabados por una de ellas, etc.

6.
IMPUGNACIÓN DEL FINIQUITO

El finiquito, aunque tiene valor liberatorio, está sometido a control judicial para verificar la ausencia de vicios en la voluntad del trabajador y el cumplimiento de normas imperativas.

La impugnación del finiquito del trabajador en el ámbito laboral se encuentra regulada por un conjunto de disposiciones legales y principios que garantizan la protección de los derechos de los trabajadores, así como la validez de los acuerdos alcanzados en el marco de la extinción de la relación laboral.

El **plazo para impugnar el finiquito es de un año**, computado desde el día siguiente a la terminación del contrato de trabajo. Este plazo está establecido en el artículo 59.2 del Estatuto de los Trabajadores, que regula la caducidad de las acciones en el ámbito laboral. Es importante destacar que **la presentación de la solicitud de conciliación ante el Servicio de Mediación, Arbitraje y Conciliación (SMAC) suspende el cómputo de este plazo, reanudándose al día siguiente de intentada la conciliación o transcurridos 15 días** desde su presentación sin que se haya celebrado.

La impugnación del finiquito requiere la **realización de una conciliación previa ante el SMAC** (artículo 4 del Real Decreto 2756/1979, de 23 de noviembre y en el art. 66.1 de la LRJS). Si no se alcanza un acuerdo en esta fase, el trabajador puede interponer **una demanda ante la sección de lo social del tribunal de instancia competente**. Este procedimiento busca garantizar una solución amistosa antes de recurrir a la vía judicial, promoviendo la resolución de conflictos de manera más ágil y menos costosa.

Vías procesales más habituales para impugnar el finiquito

El trabajador puede impugnar el finiquito **dentro de una acción de despido o de reclamación de cantidad**.

Demanda de despido	Se pide la declaración de despido improcedente o nulo.
	Se alega que el finiquito no tiene valor liberatorio (por ejemplo, por renuncias prohibidas, falta de claridad, presión, falta de pago real, etc.).
	Es el cauce típico cuando el finiquito se firma al comunicar el despido
Demanda por reclamación de cantidad (salarios, comisiones, horas extra, etc.)	El trabajador reclama conceptos que entiende no liquidados en el finiquito (por ejemplo, comisiones no incluidas, salarios en "dinero negro", diferencias de salario, etc.).
	Se sostiene que el finiquito solo libera lo que está clara y expresamente recogido, pero no impide reclamar otros conceptos.

Impugnación de acuerdos/transacciones

En casos de acuerdos más complejos (p. ej. acuerdo transaccional que se plasma en un documento de saldo y finiquito) puede plantearse como acción de nulidad del acuerdo por vicio del consentimiento, lesión grave, fraude, etc.

RESOLUCIÓN RELEVANTE

STSJ de Cataluña, rec. 6095/2024, de 5 de marzo, ECLI:ES:TSJCAT:2025:1124

Esta sentencia analiza el efecto extintivo y liberatorio del finiquito. Se establece que el finiquito solo impide reclamar por los conceptos incluidos en la liquidación, pero no afecta a otras acciones como la de despido. Además, se destaca que el finiquito debe reflejar una voluntad clara e inequívoca del trabajador para que tenga efecto extintivo.

STSJ de Andalucía, rec. 4019/2009, de 16 de Septiembre de 2011, ECLI:ES:TSJAND:2011:9449

En esta sentencia el TSJ de Andalucía desestima el recurso porque:

- El trabajador firmó voluntariamente tres documentos (carta de despido, documento de saldo y finiquito, y nómina con las mismas cantidades).

- Existía movimiento contable de salida de caja por 51.998,70 euros.

- Declararon en juicio gerente y contable confirmando el pago.

Con esas pruebas, el tribunal entiende acreditado el cobro en metálico y mantiene el valor liberatorio del finiquito, de modo que la impugnación fracasa.

CUESTIÓN

¿Cómo puede defenderse la empresa en caso de impugnación de un finiquito?

La defensa de la empresa ante la impugnación de un finiquito se basa en demostrar la validez del documento, la ausencia de vicios en el consentimiento y la claridad en el contenido del finiquito, apoyándose en pruebas documentales y jurisprudencia aplicable:

- **Valor liberatorio del finiquito**: según la jurisprudencia, el finiquito firmado por el trabajador tiene valor liberatorio y extintivo si se demuestra que fue firmado de manera libre y consciente, sin coacción ni engaño, y que incluye una declaración clara y precisa de que el trabajador no tiene nada más que reclamar a la empresa.

- **Ausencia de vicios del consentimiento:** la empresa puede demostrar que el trabajador firmó el finiquito tras haber recibido explicaciones claras sobre su contenido y que tuvo la oportunidad de consultar con representantes legales o sindicales, como se indica en el modelo genérico de finiquito. Si no se acredita la existencia de coacción, engaño o error, el finiquito será válido.

- **Contenido del finiquito:** es importante que el finiquito detalle de manera precisa los conceptos liquidados y que no incluya cláusulas de renuncia genérica a derechos futuros, ya que estas no tienen validez legal. La empresa puede argumentar que el documento refleja únicamente los derechos derivados de la relación laboral extinguida y no afecta a derechos que no fueron objeto de la liquidación.

- **Prueba documental y testifical:** la empresa puede aportar pruebas documentales y testificales que acrediten que el trabajador firmó el finiquito tras haber recibido las cantidades correspondientes y que entendió plenamente su contenido. Esto incluye la entrega de documentación adicional, como el certificado de empresa y nóminas, y la posibilidad de solicitar la presencia de un representante legal de los trabajadores en el momento de la firma.

7.
COTIZACIÓN Y FISCALIDAD DEL FINIQUITO

Los conceptos asociados al finiquito pueden estar sujetos a cotización y tributación. Analizamos las principales características.

7.1. Cotización de los conceptos que componen el finiquito

El finiquito es un documento global de liquidación y saldo en el que se agrupan distintos conceptos de forma que **cotiza lo que, por su naturaleza jurídica, es salario y no cotiza lo que, por su naturaleza y dentro de los límites legales, sea percepción no salarial o indemnización excluida de cotización.** A efectos de cotización, sobre los principales conceptos que componen el finiquito podemos establecer:

‖ a) Percepciones salariales pendientes

Salarios pendientes, partes proporcionales de pagas extraordinarias, vacaciones no disfrutadas, ciertos incentivos, etc., por su propia naturaleza, son retribuciones del trabajo y, en la práctica, **forman parte de la base de cotización** (porque son salario, aunque se abonen "al final").

- **Cuando hayan de abonarse salarios con carácter retroactivo**: el ingreso de las liquidaciones que deban de efectuarse a la Seguridad Social, desempleo, Fondo de Garantía Salarial y formación profesional, como consecuencia de ellos, se realizará en los plazos señalados en el artículo 56.1.c) del Reglamento general de recaudación de la Seguridad Social, aprobado por el Real Decreto 1415/2004, de 11 de junio.

- **Vacaciones anuales devengadas y no disfrutadas:** el período de vacaciones anuales retribuidas no podrá sustituirse por compensación económica salvo extinción de la relación laboral sin su disfrute. La cotización de las vacaciones no disfrutadas y abonadas a la extinción del contrato de trabajo requiere la liquidación y cotización complementaria en el mes de la extinción del contrato.

|| Cotización de salarios con carácter retroactivo

Cuando hayan de abonarse salarios con carácter retroactivo, el ingreso de las liquidaciones que deban de efectuarse a la Seguridad Social, desempleo, Fondo de Garantía Salarial y formación profesional, como consecuencia de ellos, se realizará en los plazos señalados en el artículo 56.1.c) del Reglamento general de recaudación de la Seguridad Social, aprobado por el Real Decreto 1415/2004, de 11 de junio.

El pago retroactivo de salarios en la práctica supone el **ingreso de la diferencia entre la cantidad que se le pagó al trabajador en su momento y la cantidad que realmente debería haber percibido**. Estos pagos suelen venir en una nómina propia en concepto de «atrasos», pero puede surgir por varias razones:

- Actualización salarial dispuesta en el convenio colectivo.

- Condiciones laborales vigentes no aplicadas (a modo de ej.: falta de aplicación de la subida de IPC establecida con carácter anual en convenio).

- Subida salarial por voluntad del empresario con carácter retroactivo (a modo de ej.: cantidades abonadas como compensación de una prestación de servicios durante cierto tiempo).

- Ante la aplicación de categoría salarial o retribuciones indebidas (a modo de ej.: retribución por categoría laboral inferior a la que le corresponde según la actividad laboral o q pagado las horas extras por debajo de las cantidades establecidas en convenio).

RESOLUCIÓN RELEVANTE

STSJ de Cataluña n.° 123/2016, de 14 de enero de 2016, ECLI:ES:TSJCAT_2016:120

En relación a la influencia del abono de salarios con carácter retroactivo sobre prestaciones reconocidas las SSTS de 15/02/10 (R. 2054/2009) y 23/11/2009 (R. 126/2009): «La cuestión suscitada consiste en determinar la fecha a la que deben retrotraerse los efectos económicos de la resolución que revisa una anterior y reconoce una prestación por cuantía superior. Al respecto es de aplicar el párrafo segundo del artículo 43-1 de la Ley General de la Seguridad Social en la redacción que le dio la Ley 42/2006, norma que obliga a cambiar la anterior doctrina de esta Sala. Tal precepto dice así: 'Si el contenido económico de las prestaciones ya reconocidas resultara afectado con ocasión de solicitudes de revisión de las mismas, los efectos económicos de la nueva cuantía tendrán una retroactividad máxima de tres meses desde la fecha de presentación de dicha solicitud. Esta regla de retroactividad máxima no operará en los supuestos de rectificación de errores materiales, de hecho, o aritméticos ni cuando de la revisión derive la obligación de reintegro de prestaciones indebidas a la que se refiere el artículo 45».

Siguiendo la orden anual de cotización:

- En estos supuestos, el ingreso se efectuará mediante la correspondiente liquidación complementaria, a cuyo fin se tomarán las bases, topes, tipos y condiciones vigentes en los meses a que los citados salarios correspondan.

- De igual forma se liquidarán aquellas gratificaciones que no puedan ser objeto de cuantificación anticipada total o parcialmente, a efectos del prorrateo establecido anteriormente, a cuyo fin las empresas deberán formalizar una liquidación complementaria por las diferencias de cotización relativas a los meses del año ya transcurridos, e incrementar, en la parte que corresponda, las cotizaciones pendientes de ingresar durante el ejercicio económico del año 2024.

- Las liquidaciones complementarias a que se refieren los apartados anteriores se confeccionarán con detalle separado de cada uno de los meses transcurridos.

Plazo reglamentario para el ingreso de las cuotas a la Seguridad Social en caso de abono de salarios con carácter retroactivo

El plazo reglamentario para el ingreso de las cuotas por incrementos de salarios, modificaciones de las bases, conceptos y tipos de cotización que deban aplicarse con carácter retroactivo o por las que pueda optarse en el plazo establecido al efecto, en virtud de disposición legal, acta de conciliación, sentencia judicial o por cualquier otro título legítimo, finalizará, salvo que en dichas normas o actos se fije otro plazo, el último día del mes siguiente al de la publicación en el boletín oficial correspondiente de las normas que los establezcan, al de agotamiento del plazo de opción, al de la notificación del acta de conciliación o de la sentencia judicial o al de la celebración o expedición del título [art. 56.1.c) del Real Decreto 1415/2004, de 11 de junio y Orden anual de cotización].

Debemos tener en cuenta que el ingreso de la cotización se realizará de distinta manera según su procedencia. De esta manera:

En virtud de disposición legal, acta de conciliación, sentencia judicial o por cualquier otro título legítimo	El ingreso ha de realizarse con anterioridad al último día del mes siguiente al de la publicación de la norma en el Boletín Oficial correspondiente, al del agotamiento del plazo de opción, o al de notificación del acta o sentencia, o al de celebración o expedición del título.
En virtud de convenio colectivo	El ingreso finalizará el último día del mes siguiente a aquél en que se establezcan que deben abonarse, en todo o en parte, dichos incrementos, y en su defecto, hasta el último día del mes siguiente al de su publicación en el BOE o Boletín Oficial de la provincia correspondiente.
Por los salarios de tramitación abonados como consecuencia del despido	El plazo de ingreso finalizará el último día del mes siguiente al de la notificación de la sentencia, auto judicial o acta de conciliación. (STSJ de Cataluña n.º 1728/2000, de 24 de febrero de 2000, ECLI:ES:TSJCAT:2000:2559).

De igual forma se liquidarán aquellas gratificaciones que no puedan ser objeto de cuantificación anticipada total o parcialmente, a efectos del prorrateo mensual, a cuyo fin las empresas deberán formalizar una liquidación complementaria por las diferencias de cotización relativas a los meses del año ya transcurridos, e incrementar, en la parte que corresponda, las cotizaciones pendientes de ingresar durante el ejercicio económico en curso.

Cotización de las vacaciones anuales devengadas y no disfrutadas

El período de vacaciones anuales retribuidas no podrá sustituirse por compensación económica salvo extinción de la relación laboral sin su disfrute.

La cotización de las vacaciones no disfrutadas y abonadas a la extinción del contrato de trabajo requiere la liquidación y cotización complementaria en el mes de la extinción del contrato.

Si la relación laboral finalizara sin haber disfrutado las vacaciones completas *se percibirá la parte proporcional juntamente con la liquidación del salario*. Las percepciones correspondientes a vacaciones anuales devengadas y no disfrutadas y que sean retribuidas a la finalización de la relación laboral serán objeto de liquidación y cotización complementaria a la del mes de la extinción del contrato (art. 30 de la Orden PJC/178/2025, de 25 de febrero).

La citada liquidación complementaria ha de englobar los días de duración de las vacaciones, incluso cuando alcance el siguiente mes natural o se inicie una nueva relación laboral durante la misma, **sin prorrateo alguno y con aplicación del tope máximo de cotización correspondiente al mes o meses que resulten afectados.**

No obstante, serán aplicables las normas generales de cotización en los términos que legalmente se determinen cuando, mediante ley o en ejecución de esta, se establezca que la remuneración del trabajador debe incluir, junto al salario, la parte proporcional correspondiente a las vacaciones devengadas.

Supuestos a tener en cuenta:

1. **Si el contrato se extingue a lo largo del mes:** procederá efectuar una liquidación complementaria en la que se consignará el número de días de vacaciones que le correspondan al trabajador, con el límite de número de días que restara hasta la finalización de dicho mes, y la base de cotización que se está liquidando.

2. **Si la extinción de la relación laboral se produjera por el fallecimiento del trabajador, o éste falleciera durante el período correspondiente a estas vacaciones:** no procederá la cotización consecutiva a la baja del trabajador fallecido en la Seguridad Social, sino que, procederá el prorrateo de las percepciones entre el número de días o meses de duración del contrato, o por el número de días o meses transcurridos desde el disfrute de las últimas vacaciones, con aplicación de los tipos y topes de cotización correspondientes a cada mes.

3. **En el supuesto de que el número de días de vacaciones generadas excediera del número de días que quedaran hasta la finalización del mes de la extinción de la relación laboral:** se realizará otra relación nominal de trabajadores (TC-2) correspondiente al mes siguiente al de la extinción, en la que se incluirá el número de días que restan y la base de cotización que corresponda por los mismos.

4. **Si el contrato se extinguiera el último día del mes:** procederá una liquidación correspondiente al mes siguiente al de la extinción, en la que se incluirá tanto el número de días de vacaciones como el importe de la base de cotización que corresponda. El plazo de ingreso de esta complementaria concluirá el último día del mes siguiente al de la extinción del contrato de trabajo.

5. **Si durante el período correspondiente a las vacaciones no disfrutadas el trabajador iniciara otra relación laboral:** la suma de la base de cotización que procediera en función de las remuneraciones devengadas en la misma y la correspondiente a las vacaciones superara el tope máximo de cotización resultará aplicable la distribución establecida para los supuestos de pluriempleo, procediéndose conforme a los criterios de actuación establecidos al respecto. (STS, rec. 4625/2000, de 26 de noviembre de 2001, ECLI:ES:TS:2001:9212).

CUESTIONES

1. ¿Qué sucede si me despiden y no he disfrutado los días de vacaciones que me corresponden?

Las percepciones correspondientes a las vacaciones devengadas y no disfrutadas se retribuyen a la finalización del contrato de trabajo, siendo objeto de liquidación complementaria a la del mes de extinción del contrato (art. 147.1 de la LGSS). Esta liquidación complementaria comprenderá los días de duración de las vacaciones, sin prorrateo alguno y con aplicación, en su caso, del tope máximo de cotización correspondiente al mes o meses que resulten afectados.

2. ¿Se incluyen las pagas extraordinarias en el cálculo de las vacaciones devengadas y no disfrutadas si no especifica nada el convenio?

El abono con carácter indemnizatorio de las pagas extraordinarias en las vacaciones no se ha clarificado ni regulado de forma expresa, siendo necesario respetar lo establecido en convenio. Por lo general, la regulación colectiva establece que se abonarán conceptos como salario base, antigüedad, etc. En caso de no especificarse por convenio, la práctica habitual es incluir todos los conceptos de percepción mensual (incluidos paga extra) dejando fuera los de carácter extrasalarial [sueldo mensual (salario base + complementos + prorrateo de pagas extraordinarias) dividido entre 30 para obtener las cantidades por día de trabajo. Después se trataría de realizar una regla de tres con los días de vacaciones que corresponden al año, divídelo entre 365 y obteniendo los días de vacaciones que corresponden por día trabajado].

|| b) Percepciones no salariales adeudadas

No todas las cantidades incluidas en el finiquito cotizan: depende de si la norma las considera salario o no salario, y de si superan o no ciertos los límites. De esta forma, a la hora de abonar el finiquito solo se integran en la base de cotización cierta parte de las cantidades abonadas y se excluyen los límites exentos. Centrándonos en cotización a la Seguridad Social al calcular el finiquito:

- **Indemnizaciones o suplidos por gastos derivados del trabajo** [dietas por desplazamiento (manutención/estancia), gastos de locomoción, quebranto de moneda, desgaste de herramientas, prendas de trabajo].

  » **Regla general:** no cotizan si compensan realmente un gasto y se respetan límites legales/exentos (en dietas y locomoción, los importes normales fijados por normativa IRPF y Seguridad Social).

  » **Exceso sobre los límites:** el exceso sí se integra en la base de cotización.

- **Ticket restaurante / vales comida / cheque gourmet.**
  - » Si responden a **comida por desplazamiento temporal** fuera del centro habitual, pueden tratarse como **dietas** (no cotizan dentro de los límites exentos).
  - » Si se trata de **comida habitual** (sin desplazamiento) tienen la consideración de salario en especie y cotizan íntegramente, aunque puedan estar exentas (parcialmente) en IRPF.
- **Vales o cheques guardería**
  - » Retribución en especie destinada a servicios de guardería/primer ciclo infantil.
  - » Son **retribuciones del trabajo no dinerarias**; a efectos de Seguridad Social, se integran en la base de cotización como salario en especie (aunque estén exentas de IRPF si cumplen requisitos).
- **Horas extraordinarias**
  - » Se consideran percepción no salarial solo a efectos de cotización por contingencias comunes (no se suman a esa base), pero sí cotizan por accidentes de trabajo y enfermedades profesionales.
- **Plus de transporte o de distancia**
  - » Aunque tenga finalidad compensatoria por ir al trabajo, está sujeto a cotización (se trata como salario, no como dieta/locomoción exenta)
- **Gastos de locomoción** (desplazamientos por orden de la empresa)
  - » **Transporte público:** exento de cotización el importe justificado.
  - » **Vehículo propio:** exento de cotización hasta 0,26 €/km + peajes y aparcamiento justificados; el exceso cotiza.

‖ c) Indemnización por despido

Está exenta de cotización la indemnización por despido o cese hasta el límite obligatorio fijado en el Estatuto de los Trabajadores (ET) y su normativa de desarrollo. En caso de que las indemnizaciones por despido o cese del trabajador superen el importe de la indemnización por despido los límites establecidos en el art. 147.2 c) de la LGSS, el exceso a incluir en la base de cotización se prorrateará a lo largo de los doce meses anteriores a aquel en que tenga lugar la circunstancia que las motive [apdo. 2 c) del art. 147 de la LGSS].

7.2. Tributación de los conceptos que componen el finiquito

‖ a) Tratamiento fiscal en el IRPF de las percepciones salariales y ‖ asimiladas incluidas en el finiquito

Los importes que se satisfagan al empleado o empleada como retribución por el trabajo ya prestado para la empresa tendrán la consideración de **rendi-**

mientos del trabajo al amparo del artículo 17 de la LIRPF, cuyo primer apartado reconoce tal carácter a «todas las contraprestaciones o utilidades, cualquiera que sea su denominación o naturaleza, dinerarias o en especie, que deriven, directa o indirectamente, del trabajo personal o de la relación laboral o estatutaria y no tengan el carácter de rendimientos de actividades económicas».

Tributarán del mismo modo que lo venían haciendo las nóminas anteriores del trabajador. Es decir, como regla general, estos rendimientos quedarán sujetos y no exentos del IRPF, se someterán a retención o ingreso a cuenta y se integrarán en la base imponible general del impuesto. Obviamente, en función del tipo de renta de que se trate, podrían gozar de exención o quedar excluidas de gravamen al igual que habría sucedido en el caso de percibirse constante la relación laboral. Nos referimos, por ejemplo, al particular tratamiento de las dietas y asignaciones para gastos de viaje, que pueden quedar excluidas de gravamen hasta ciertos límites conforme al artículo 9 del RIRPF, o a la posibilidad de que determinados rendimientos del trabajo en especie resulten exentos en los términos del artículo 42 de la LIRPF. En definitiva, la extinción de la relación laboral no altera la naturaleza de estas percepciones y su régimen de tributación.

Este sería el tratamiento que recibirían, entre otros, los siguientes conceptos:

- Salario de los últimos días trabajados.
- Pagas extraordinarias devengadas y no satisfechas.
- Vacaciones devengadas y no disfrutadas (abonadas en metálico).
- Horas extraordinarias u otros pluses devengados y pendientes.
- Bonus, incentivos o variables devengados conforme al contrato o convenio.

RESOLUCIÓN ADMINISTRATIVA

Consulta vinculante de la Dirección General de Tributos (V3630-20), de 23 de diciembre de 2020

Asunto: tributación del finiquito en el IRPF del trabajador.

«El importe satisfecho al consultante correspondiente al finiquito por extinción de su relación laboral tiene la calificación de rendimiento del trabajo conforme a lo expuesto en el artículo 17.1 de la Ley 35/2006, de 2 de noviembre, del Impuesto sobre la Renta de las Personas Físicas y de modificación parcial de las leyes de los Impuestos sobre Sociedades, sobre la Renta de no Residentes y sobre el Patrimonio (BOE del día 29), que regula los rendimientos íntegros del trabajo (...)

(...)

De acuerdo con lo expuesto el importe satisfecho por la empresa como finiquito de la relación laboral es un rendimiento del trabajo que se encuentra sujeto a retención a cuenta por el Impuesto sobre la Renta de las Personas Físicas y el consultante debe computar en su declaración por el Impuesto, el importe íntegro del rendimiento percibido».

‖ b) Tratamiento en IRPF de la indemnización por despido o cese

La indemnización por despido o cese quedará **exenta del IRPF en la cuantía que se establezca con carácter obligatorio** en el ET, su normativa de desarrollo o, en su caso, en la normativa reguladora de la ejecución de sentencias. Así lo señala la letra e) del artículo 7 de la LIRPF:

«Estarán exentas las siguientes rentas:

(...)

e) Las indemnizaciones por despido o cese del trabajador, en la cuantía establecida con carácter obligatorio en el texto refundido de la Ley del Estatuto de los Trabajadores, aprobado por el Real Decreto Legislativo 2/2015, de 23 de octubre, en su normativa de desarrollo o, en su caso, en la normativa reguladora de la ejecución de sentencias, sin que pueda considerarse como tal la establecida en virtud de convenio, pacto o contrato.

Sin perjuicio de lo dispuesto en el párrafo anterior, en los supuestos de despidos colectivos realizados, o cuando se extinga el contrato en el supuesto de la letra c) del artículo 52 del mismo texto, siempre que, en ambos casos, se deban a causas económicas, técnicas, organizativas, de producción o por fuerza mayor, quedará exenta la parte de indemnización percibida que no supere los límites establecidos con carácter obligatorio en el mencionado Estatuto para el despido improcedente.

No tendrán la consideración de indemnizaciones establecidas en virtud de convenio, pacto o contrato, las acordadas en el acto de conciliación ante el Servicio administrativo al que se refiere el artículo 63 de la Ley 36/2011, de 10 de octubre, reguladora de la jurisdicción social.

El **importe de la indemnización exenta** a que se refiere esta letra tendrá **como límite la cantidad de 180.000 euros**».

A TENER EN CUENTA. La redacción de este precepto que acaba de reproducirse es la resultante de la modificación operada por la Ley Orgánica 1/2025, de 2 de enero, con entrada en vigor el 3 de abril de 2025. El principal cambio que incorporó esta norma fue la introducción ex novo de la previsión contenida en el tercer párrafo (referida a las indemnizaciones acordadas ante el SMAC, aunque se trata de una reforma meramente aclaratoria, pues con carácter previo la Administración tributaria y los tribunales ya venían manteniendo esa misma interpretación). El resto de los cambios fueron de carácter técnico o menor y no afectaron al sentido del precepto: se introdujo la referencia específica a la norma que aprobó el actual ET y se sustituyó la previa referencia a los «supuestos de despidos colectivos realizados de conformidad con lo dispuesto en el artículo 51 del Estatuto de los Trabajadores, o producidos por las causas previstas en la letra c) del artículo 52 del citado Estatuto» por la mención de los «supuestos de despidos colectivos realizados, o cuando se extinga el contrato en el supuesto de la letra c) del artículo 52».

La aplicación de la exención se condiciona al cumplimiento de una serie de requisitos. Fundamentalmente, cuatro:

- La existencia de un **despido o cese**. Es necesario que la indemnización percibida tenga como causa el despido o cese del trabajador y, en este último caso, solo cabrá en los supuestos en los que, conforme a la normativa laboral, el trabajador tenga derecho a una indemnización por el cese. Por lo tanto, la exención no alcanzará a aquellas indemnizaciones que se obtengan por causas distintas, como la extinción de un contrato de trabajo por expiración del tiempo convenido o por finalización de la obra o servicio objeto del contrato, o la resolución del contrato por mutuo acuerdo entre las partes.

- La extinción de una **relación de naturaleza laboral.** Solo se declaran exentas, dentro de ciertos límites, las indemnizaciones por despido o cese del trabajador que se obtengan como consecuencia de la extinción de una relación de carácter laboral, sea común o especial. Por el contrario, no resultarían exentas las indemnizaciones que se perciban por la resolución o extinción de relaciones mercantiles, civiles o de otro tipo.

- La **inexistencia de mutuo acuerdo.** La norma indica expresamente que la indemnización por despido o cese quedará exenta «en la cuantía establecida con carácter obligatorio en el texto refundido de la Ley del Estatuto de los Trabajadores, aprobado por el Real Decreto Legislativo 2/2015, de 23 de octubre, en su normativa de desarrollo o, en su caso, en la normativa reguladora de la ejecución de sentencias, sin que pueda considerarse como tal la establecida en virtud de convenio, pacto o contrato». Por lo tanto, para que quede exenta, la indemnización no puede ser fruto de un pacto o contrato. Además, para la exención de las indemnizaciones por despido será necesario que el reconocimiento de la improcedencia del despido se produzca en el acto de conciliación ante el Servicio de Mediación, Arbitraje y Conciliación (SMAC) o bien mediante resolución judicial, salvo en el caso de los despidos por causas objetivas. En ese sentido, la Ley Orgánica 1/2025, de 2 de enero, con entrada en vigor el 3 de abril de 2025, incorporó de manera expresa en el precepto que «no tendrán la consideración de indemnizaciones establecidas en virtud de convenio, pacto o contrato, las acordadas en el acto de conciliación ante el Servicio administrativo al que se refiere el artículo 63 de la Ley 36/2011, de 10 de octubre, reguladora de la jurisdicción social». Aunque, en puridad, la introducción de esa previsión a nivel legal tiene un carácter meramente aclaratorio, pues la Administración tributaria y los tribunales ya venían manteniendo esa misma interpretación.

- La **desvinculación efectiva de la empresa.** Según indica el artículo 1 del RIRPF, el disfrute de esta exención queda condicionado a la real efectiva desvinculación del trabajador con la empresa. Se presumirá, salvo prueba en contrario, que no se da dicha desvinculación cuando en los tres años siguientes al despido o cese el trabajador vuelva a prestar servicios a la misma empresa o a otra empresa vinculada a aquella en los términos previstos en el artículo 18 de la LIS. Con ello, y tal y como ha señalado la Dirección General de Tributos, el precepto «condiciona el disfrute de la exención a la real y efectiva desvinculación del trabajador con la empresa, y presume, salvo prueba en contrario, que ocurre tal situación cuando se produzca una nueva contratación del trabajador despedido o cesado en las condiciones expuestas (que se trate de la misma empresa u otra vinculada y que se efectúe dentro de los tres años siguientes a la efectividad del despido o cese) sin que, a estos efectos, se especifique el tipo o naturaleza jurídica que deba adoptar el contrato, es decir, resulta indiferente tanto su duración como que los servicios prestados por el trabajador despedido dentro de los tres años siguientes deriven de una nueva relación laboral o de la realización de una actividad empresarial o profesional» [consulta vinculante de la DGT (V1610-25), de 15 de septiembre de 2025]. Como la presunción admite prueba en contrario, podría mantenerse la exención cuando se demuestre que existe una real y efectiva desvinculación del trabajador despedido con la empresa. Es decir, el trabajador podrá acreditar, por cualquiera de los medios de prueba admitidos en derecho (que corresponde valorar a los órganos encargados de las actuaciones de comprobación e investigación tributaria) que en su día se produjo dicha desvinculación y que los servicios que después preste, por la naturaleza y características de los mismos o de la propia relación de la que deriven, no enervan dicha desvinculación.

Por otra parte, según señala la **resolución del Tribunal Económico-Administrativo Central n.º 2016/2020, de 22 de abril de 2021**, para que opere la mencionada presunción iuris tantum, basta con que, en los tres años siguientes a su despido o cese, el trabajador vuelva a prestar servicios a la misma empresa o a otra empresa vinculada a aquella en los términos de dicho precepto, sin que sea necesaria la apreciación de una finalidad fraudulenta en la nueva prestación de servicios. Por ello, se fija como criterio que la inexistencia de ánimo defraudatorio en la nueva relación con la misma empresa u otra vinculada no conlleva la aplicación automática de la exención del artículo 7.e) de la LIRPF.

La exención tiene como límite 180.000 euros, quedando **el exceso sujeto y no exento de IRPF.** Dicho exceso sobre la cuantía exenta se calificará como rendimiento del trabajo conforme al artículo 17.1 de la LIRPF y, en su caso, podrá resultarle de aplicación la reducción del 30 % por irregularidad del artículo 18 de la LIRPF.

CUESTIÓN

Un trabajador fue despedido a mediados de 2025, cobrando el finiquito correspondiente, que incluía los salarios y demás percepciones pendientes, junto con la correspondiente indemnización por despido. Posteriormente, estuvo cobrando la prestación por desempleo los meses restantes. Si la indemnización queda exenta del IRPF en su totalidad, ¿debe tenerse en cuenta de cara a los límites que determinan la obligación de presentar la declaración de la renta?

No, tal y como señaló la DGT en su consulta vinculante (V1663-25), de 16 de septiembre de 2025: «a efectos de computar estos límites, no se tomará en consideración la indemnización por despido percibida, en la medida en que se encuentre exenta, por lo que, de no existir otros rendimientos del trabajo distintos de la prestación por desempleo, el límite determinante de la obligación de declarar por la obtención de rendimientos del trabajo será el de 22.000 euros anuales».

RESOLUCIONES ADMINISTRATIVAS

Consulta vinculante de la Dirección General de Tributos (V1663-25), de 16 de septiembre de 2025

Asunto: exención en IRPF de la indemnización por despido improcedente.

«Se parte de la hipótesis, al no manifestarse así en la consulta, de que se entiende cumplido el requisito de que el reconocimiento de la improcedencia del despi-

---

do se produzca en el acto de conciliación ante el Servicio de Mediación, Arbitraje y Conciliación (SMAC) o bien mediante resolución judicial.

En consecuencia, la indemnización satisfecha al consultante en el ámbito de un despido improcedente estará exenta del Impuesto con el límite del menor de:

– La cuantía establecida con carácter obligatorio en el Estatuto de los Trabajadores para el despido improcedente (33 días por año de servicio con un máximo de veinticuatro mensualidades, según la nueva redacción del artículo 56.1 del Estatuto de los Trabajadores, aplicable a los contratos suscritos a partir de 12 de febrero de 2012, y, para contratos formalizados con anterioridad a 12 de febrero de 2012, los límites previstos en la disposición transitoria undécima del ET.

– La cantidad de 180.000 euros.

Si la indemnización satisfecha excede de la cuantía que resultaría de aplicar los criterios anteriores, el exceso estará sujeto y no exento, calificándose como rendimiento del trabajo, pudiendo resultar de aplicación el porcentaje de reducción del 30 por 100 previsto en el artículo 18.2 de la LIRPF».

Consulta vinculante de la Dirección General de Tributos (V1609-25), de 15 de septiembre de 2025

Asunto: tratamiento en IRPF del exceso no exento de una indemnización por extinción del contrato de trabajo en el marco de un ERE, cuando se va a percibir de forma fraccionada.

«Cuando la indemnización se fraccione en dos o más períodos impositivos, quedará sometida a tributación efectiva por el Impuesto a partir del momento en que su importe acumulado supere el montante que goza de exención en virtud de lo previsto en el artículo 7.e) de la LIRPF. Una vez superada dicha magnitud, sólo podrá aplicarse la reducción del 30 por 100, de acuerdo con lo establecido en el artículo 12.2 del Reglamento del Impuesto, si el cociente resultante de dividir el período de generación (determinado por los años de servicios en la empresa, contados de fecha a fecha), por el número de períodos impositivos de fraccionamiento, fuera superior a dos.

A estos efectos, deberán tenerse en cuenta, como períodos impositivos de fraccionamiento, todos aquellos en los que se perciba la indemnización, incluidos los ejercicios en los que la indemnización esté exenta. En cada uno de los períodos impositivos de fraccionamiento, la cuantía del rendimiento íntegro sobre la que se aplicará la citada reducción no podrá superar el importe de 300.000 euros. Asimismo, en caso de resultar aplicable, se deberá tener en cuenta, igualmente, el límite que se establece para el supuesto de extinción de relaciones laborales o mercantiles en las que el importe de los rendimientos del trabajo derivados de la extinción supere los 700.000 euros.

En el caso planteado, el consultante se cuestiona si pudiera aplicar la reducción a la indemnización por despido en 2026 al haber aplicado esta reducción a los rendimientos procedentes de la liquidación del plan de acciones en un periodo impositivo anterior.

De acuerdo con lo dispuesto en el artículo 18.2 de la LIRPF, el requisito para poder aplicar la reducción del 30 por ciento que exige que en el plazo de los cinco períodos impositivos anteriores no hubieran obtenido otros rendimientos con período de generación superior a dos años a los que hubieran aplicado la reducción prevista en ese apartado, no resultará de aplicación en el presente caso, al tratarse de una indemnización por extinción de la relación laboral, por lo que, cumpliendo el resto de requisitos señalados, podrá aplicar la citada reducción en los términos anteriormente indicados».

8.
ASPECTOS ESENCIALES AL REDACTAR EL FINIQUITO: CONSEJOS PARA LA EMPRESA

Es recomendable que RRHH o la asesoría revisen el modelo de finiquito a la luz de la jurisprudencia más reciente sobre valor liberatorio y conocer las resoluciones más actuales que precisan su alcance. Aportamos una serie de claves prácticas para que el finiquito tenga la máxima eficacia liberatoria posible y reduzca el riesgo de reclamaciones posteriores:

1. Claridad y detalle de los conceptos

Desglosar cada partida: salario del último periodo, pagas extra, vacaciones no disfrutadas, pluses, horas extra, indemnización, etc.

Evitar fórmulas genéricas del tipo «cantidad alzada por todos los conceptos».

> **A TENER EN CUENTA**. El finiquito solo libera respecto de lo expresamente incluido y claro.

2. Redacción expresa del efecto liberatorio

Incluir fórmulas claras del tipo:

> *«Con el cobro de la cantidad indicada, el trabajador declara saldadas y finiquitadas todas las obligaciones derivadas de la relación laboral, no teniendo nada más que reclamar por ningún concepto».*

No obstante, hemos de tener presente que este tipo de cláusula de «nada más que reclamar» es habitual y refuerza el valor liberatorio, aunque **no impide impugnaciones si hay vicios del consentimiento, error, etc.**

3. Identificación y contexto

- Identificar correctamente a empresa y trabajador, fechas de inicio y fin de la relación laboral, efectos de la extinción y fecha real de firma del finiquito.

- Hacer constar el motivo de extinción (despido disciplinario, objetivo, baja voluntaria, mutuo acuerdo, fin de contrato temporal, etc.) si es relevante.

4. Transparencia en el cálculo

- Adjuntar, o al menos dejar disponible para el trabajador, un **cálculo comprensible** de cómo se llega a las cifras.

- En despidos objetivos/colectivos, cuidado con indemnizaciones legales y posibles mejoras: distinguir qué parte es legal mínima y qué parte es mejora voluntaria.

5. Asistencia al trabajador en la firma

Permitir, y si el convenio lo exige, hacer constar que el trabajador ha tenido posibilidad de estar asistido por representantes legales de los trabajadores o representante sindical.

Muchos convenios remiten a esta garantía y la práctica reduce futuros argumentos de indefensión o presión.

6. Medio de pago y constancia del cobro

Es fundamental que en el documento de finiquito se deje constancia expresa del medio de pago utilizado y de la efectiva percepción de las cantidades por parte del trabajador por varias razones jurídicas que garantizan la seguridad y claridad en la extinción de la relación laboral:

- **Identificación clara del medio de pago:** la normativa laboral no establece una previsión específica sobre el medio para el pago del finiquito, aceptándose efectivo, cheques o transferencias bancarias. Sin embargo, la doctrina unificada del Tribunal Supremo considera que la transferencia bancaria es un medio válido y fiable, incluso más que el cheque bancario, por su equivalencia a dinero en metálico. Dejar constancia del medio de pago en el finiquito permite acreditar que el trabajador ha recibido las cantidades pactadas, evitando posibles disputas sobre la forma de pago y garantizando la transparencia en la operación.

- **Indicación de detalles en caso de transferencia:** cuando el pago se realiza mediante transferencia bancaria, es esencial incluir en el finiquito la fecha, el importe y la cuenta de abono. Esto asegura que el trabajador pueda verificar la recepción efectiva de las cantidades en su cuenta y que el empresario pueda demostrar que ha cumplido con su obligación de pago. La jurisprudencia ha señalado que este medio de pago, aunque no previsto normativamente, es fiable y adecuado para garantizar la puesta a disposición de las cantidades adeudadas

- **Constancia de la recepción en el acto de firma:** en los casos en que el pago se realiza en el mismo acto de la firma del finiquito, es recomendable que el documento incluya una declaración expresa del trabajador indicando que recibe la cantidad «en este acto y a su plena satisfacción». Esto tiene un valor probatorio importante, ya que permite al empresario acreditar que ha cumplido con todas sus obligaciones económicas derivadas de la relación laboral. Además, esta declaración evita posibles reclamaciones futuras por parte del trabajador, salvo en casos de dolo, fraude o incumplimiento del acuerdo.

> **A TENER EN CUENTA**. La inclusión de estos elementos en el finiquito no solo protege los derechos del trabajador, asegurando la percepción de las cantidades adeudadas, sino que también otorga seguridad jurídica al empresario, al constituir un medio de prueba eficaz de la liquidación de las obligaciones laborales.

7. Evitar ambigüedades sobre conceptos pendientes

Como hemos reiterado a lo largo de la obra, la jurisprudencia del Tribunal Supremo y de los Tribunales Superiores de Justicia ha delimitado el alcance liberatorio del finiquito en función de los términos concretos en que se redacte y las circunstancias concurrentes. Según el TS, el finiquito tiene valor liberatorio únicamente respecto a los conceptos expresamente detallados en el documento, y no puede extenderse a derechos no especificados o que no fueron objeto de acuerdo (STS, rec. 4977/1998, de 28 de febrero de 2000, ECLI:ES:TS:2000:1542)

> **A TENER EN CUENTA**. El finiquito no tiene un carácter sacramental ni efectos preestablecidos, por lo que su eficacia depende de la intención de las partes y de la claridad en la redacción (SJS n.º 68/2021, de 11 de marzo de 2021, ECLI:ES:-JSO:2021:1070). Debemos incluir cláusulas que delimiten claramente el alcance del acuerdo, evitando interpretaciones ambiguas.

Cuando existan **conceptos salariales o indemnizatorios expresamente discutidos entre la empresa y la persona trabajadora,** es recomendable incluirlos en el finiquito, especificando claramente las cantidades y conceptos objeto de liquidación. Además, se puede añadir una cláusula que indique que las partes dan por definitivamente resueltas las controversias sobre dichos conceptos. Por ejemplo:

> *«Las partes acuerdan que, con el pago de la cantidad de [indicar importe] correspondiente a [indicar concepto], se da por definitivamente resuelta cualquier controversia sobre este concepto, renunciando ambas partes a cualquier reclamación futura relacionada con el mismo».*

Esta fórmula asegura que el trabajador reconoce haber recibido la cantidad correspondiente y que no existen reclamaciones pendientes sobre los conceptos especificados. La jurisprudencia del Tribunal Supremo ha señalado que el valor liberatorio del finiquito depende de la claridad y precisión de los conceptos incluidos en el documento. (STS, rec. 4977/1998, de 28 de febrero de 2000, ECLI:ES:TS:2000:1542).

En los casos en que existan **cantidades o conceptos ya reclamados judicialmente en un procedimiento previo**, es preferible excluirlos expresamente del finiquito para evitar confusiones. Se puede utilizar una fórmula como la siguiente:

> *«Sin perjuicio de las reclamaciones judiciales ya interpuestas en el procedimiento [indicar número de expediente o referencia judicial], que continúan su curso, este finiquito no afecta ni modifica dichas reclamaciones».*

Esta redacción permite delimitar claramente el alcance del finiquito, evitando que se interprete como una renuncia a derechos que ya están siendo objeto de litigio. La jurisprudencia ha establecido que las renuncias genéricas de derechos en los finiquitos no son válidas si afectan a derechos no especificados o que no tienen relación directa con el objeto del acuerdo (STSJ de País Vasco, rec. 1867/2022, de 14 de febrero del 2023, ECLI:ES:TSJPV:2023:266).

A TENER EN CUENTA. El finiquito está sujeto a control judicial, especialmente en lo relativo a la ausencia de vicios en la voluntad y la claridad de los conceptos incluidos.

RESOLUCIÓN RELEVANTE

STSJ de Asturias, rec. 441/2023, de 9 de mayo, ECLI: ES:TSJAS:2023:1126

El TSJ entiende que cobrar voluntariamente una indemnización condicionada a un finiquito amplio y luego pretender seguir reclamando como si tal finiquito no existiera es incompatible con la buena fe contractual y justifica dar plena eficacia liberatoria al documento, con el efecto de cosa juzgada que bloquea nuevas reclamaciones.

9.
ASPECTOS ESENCIALES AL FIRMAR EL FINIQUITO: CONSEJOS PARA TRABAJADORES

1. Firmar un finiquito «no conforme» no es mágico

Poner «no conforme» al lado de la firma no anula el finiquito.

La sala de lo social del tribunal de instancia entiende que, si en el documento pone que el trabajador recibe X euros y que queda «saldado y finiquitado», la firma (aunque ponga «no conforme») suele significar que:

- Se reconoce que esas cantidades **se han cobrado** o se están cobrando en ese momento.
- Y que la empresa queda **liberada** respecto a esas cantidades.

> **A TENER EN CUENTA**. Si en el documento de finiquito consta, por ejemplo, la indemnización y la compensación por falta de preaviso, y el trabajador firma (poniendo «no conforme»), se entiende que sí cobró esos importes y sería lógico su descuento en la indemnización del despido improcedente.

2. Entonces, ¿para qué sirve el «no conforme»?

Según la doctrina y jurisprudencia, el «no conforme» es útil sobre todo cuando:

- El finiquito incluye frases de renuncia a reclamar en el futuro.
- Poniendo «no conforme», el trabajador deja claro que no está de acuerdo con el contenido, aunque lo firme para poder cobrar.

> **A TENER EN CUENTA**. El «no conforme» no impide que el documento valga como recibo de pago si en él pone claramente que el trabajador «ha percibido» tal cantidad y «no tiene nada más que reclamar».

3. Qué precauciones debería tener un trabajador

Las **recomendaciones prácticas** serían:

a) ¿Qué es lo primero que debe hacer el trabajador? Leer siempre el finiquito antes de firmar

Tras una primera lectura es necesario preguntarse si el finiquito:

- ¿Se limita a reconocer el pago de ciertas cantidades (salarios, vacaciones, etc.)?

- ¿Incluye una fórmula genérica tipo «queda totalmente saldado y finiquitado», «sin nada más que reclamar por ningún concepto», «no teniendo nada más que pedir ni reclamar»? Si existen referencias como las indicadas, la sección de lo social puede entender que reconoces el cobro de ese dinero.

- ¿Menciona de forma expresa y concreta el derecho que ahora se reclama (por ejemplo, «complementos de pensión de la Seguridad Social», «horas extraordinarias», «futuras actualizaciones salariales del convenio colectivo», etc.)?

En caso de alguna duda debemos plantearnos si el derecho discutido es un derecho legal indisponible (no se puede renunciar: salario mínimo, derechos básicos, etc.), o una mejora voluntaria o derecho disponible, sobre el que sí cabe, en principio, una transacción.

b) Si no has cobrado el dinero, no firmes como si lo hubieras cobrado

Si no te han pagado todavía, lo más prudente es no firmar, o firmar añadiendo algo muy claro del tipo:

- *«Pendiente de cobro».*

- *«No recibidas las cantidades».*

Hacer constar expresamente frases de este tipo resulta más apropiado «pendiente de revisión» o «pendiente de cobro» que solo «no conforme».

c) Dejar claro con palabras qué no aceptas

En vez de solo *«no conforme»*, es mejor concretar:

- *«No conforme con el cálculo de indemnización».*

- *«No conforme: reclamo diferencias salariales».*

Esta consignación en el documento permite ver de forma más clara sobre qué no estás de acuerdo.

d) Si firmas para poder cobrar, guarda copia y reclama cuanto antes

Si necesitas el dinero y firmas, pon una reserva clara («no conforme, pendiente de revisión de cantidades») y luego:

- Guarda una copia del finiquito.
- **Presenta demanda o papeleta de conciliación en plazo**, para discutir el despido o las cantidades.

e) Pedir ayuda antes de firmar si es posible

Justo en el momento de firmar el recibo de finiquito, es decir, cuando la empresa presenta el documento de «saldo y finiquito» (por despido, fin de contrato, baja voluntaria, etc.) **el trabajador puede solicitar la presencia de un representante legal de los trabajadores en el momento de firmar ese finiquito.**

En el propio documento de finiquito puede hacerse constar que se ha firmado en presencia de un representante o bien que el trabajador no ha hecho uso de esa posibilidad.

> **A TENER EN CUENTA**. Si la empresa impide que el representante esté presente, el trabajador puede hacerlo constar por escrito en el propio finiquito, «a los efectos oportunos».

Como consejo práctico, se recomienda que si el trabajador quiere/necesita asistencia lo exponga expresamente: *«Quiero que esté presente el representante de los trabajadores»*. Cuando la empresa no lo permita es necesario que se consigne en el propio finiquito, por ejemplo: *«Solicitada la presencia de representante legal de los trabajadores, empresa la impide»*.

4. Vías para cuestionar el alcance del finiquito

El trabajador puede plantear la reclamación ante la sección de lo social del tribunal de instancia competente (previa papeleta de conciliación) y sostener que el finiquito no extingue o no cubre el derecho que reclama, apoyándose en:

a) Interpretación del documento (arts. 1281 y ss. del CC)

Si el texto del **finiquito es genérico** («saldo y finiquito por todos los conceptos») pero no menciona clara y específicamente el derecho discutido, puede alegar que:

- No hay una voluntad clara y específica de renunciar a ese concepto.
- El objeto de la transacción no está «suficientemente precisado» (art. 1815 del CC), por lo que una cláusula genérica no puede barrer derechos que no fueron realmente negociados ni identificados.

Puede aportar **pruebas** (correos, negociaciones, borradores, testificales) que demuestren que ese derecho concreto ni siquiera se trató en la negociación de despido, por lo que no puede entenderse incluido.

|| b) Vicios del consentimiento

El trabajador podrá alegar que el consentimiento del trabajador al firmar el finiquito estuvo viciado con referencia a:

1. Error relevante sobre el alcance del documento. El error esencial se produce cuando el trabajador firma el finiquito bajo una interpretación equivocada de su contenido, por ejemplo, creyendo que solo se liquidan salarios e indemnización, sin saber que se incluyen otros conceptos como mejoras de pensión. Según el artículo 1266 del Código Civil, el error será invalidante si recae sobre la sustancia de la cosa objeto del contrato o sobre las condiciones que hubieran sido determinantes para prestar el consentimiento.

La jurisprudencia ha señalado que, para que el error sea relevante, debe ser probado por el trabajador y recaer sobre aspectos esenciales del acuerdo.

2. Engaño u omisión de información esencial por parte de la empresa. El dolo, según el artículo 1269 del Código Civil, se produce cuando una de las partes emplea maquinaciones insidiosas para inducir a la otra a celebrar el contrato. En el contexto laboral, esto puede ocurrir si la empresa oculta información relevante, como la existencia o el valor de un complemento de pensión, que habría influido en la decisión del trabajador de firmar el finiquito.

3. Situación anímica o de presión que impidió un consentimiento libre. La intimidación, regulada en el artículo 1267 del Código Civil, se produce cuando el consentimiento se presta bajo el temor racional y fundado de sufrir un mal inminente y grave. En el ámbito laboral, esto puede incluir presiones psicológicas o situaciones de especial vulnerabilidad del trabajador, como problemas personales o familiares que afecten su capacidad de decisión. Por ejemplo, en la STS, rec. 1067/2008, de 21 de julio de 2009, ECLI:ES:TS:2009:5363, aprecia un contexto (enfermedad psíquica, formulario estándar, renuncia sustancial a la indemnización legal) que lleva a negar la eficacia del finiquito.

Estos vicios, si se prueban, pueden privar al finiquito de valor liberatorio total o parcial.

|| c) Contrariedad a normas imperativas o prohibición de renuncia

Según el artículo 3.5 del Estatuto de los Trabajadores (ET) y el artículo 3 de la Ley General de la Seguridad Social (LGSS), los derechos laborales de carácter necesario son indisponibles, lo que significa que no pueden ser objeto de renuncia ni disposición por parte del trabajador, ni siquiera mediante acuerdos como el finiquito. Por tanto, cualquier cláusula en un finiquito que implique una renuncia genérica y anticipada a derechos laborales reconocidos por normas imperativas será considerada nula.

La validez del finiquito en relación con la contrariedad a normas imperativas o la prohibición de renuncia de derechos laborales está condicionada por varios principios legales y jurisprudenciales que protegen los derechos de los trabajadores en España.

En conclusión, cualquier cláusula en un finiquito que implique una renuncia genérica y anticipada a derechos laborales de carácter necesario será considerada nula, y el trabajador conservará su derecho a reclamar dichos derechos. La jurisprudencia refuerza la protección de los derechos de los trabajadores frente a prácticas abusivas, garantizando que los acuerdos relacionados con la extinción de la relación laboral sean transparentes, libres de vicios y conformes a la normativa vigente.

> **A TENER EN CUENTA**. Es nula la renuncia genérica y anticipada a derechos laborales de derecho necesario. Si el derecho tiene carácter indisponible (norma imperativa, orden público, art. 3.5 del ET y art. 3 del LGSS), puede sostenerse que una renuncia genérica es nula y no puede impedir la reclamación posterior.

|| d) Carácter transaccional real del finiquito (art. 1809 del CC)

Para que el finiquito tenga una función transaccional válida, debe existir un conflicto específico entre las partes. Esto significa que debe haber un desacuerdo sobre algún aspecto de la relación laboral, como el cálculo de una indemnización, el pago de comisiones o cualquier otro derecho laboral. Si no hay una controversia real, el finiquito no puede considerarse un acuerdo transaccional, ya que no se estaría resolviendo ningún conflicto. Por ejemplo, si la empresa impone unilateralmente el finiquito sin que haya negociación ni desacuerdo previo, este carece de valor liberatorio

Si un trabajador demuestra que no existía controversia sobre un derecho específico (por ejemplo, determinados complementos salariales) y que este derecho no fue tratado ni valorado económicamente en el acuerdo, se puede sostener que no hubo una verdadera transacción sobre ese punto. En este caso, el finiquito no tendría valor liberatorio respecto a ese derecho, ya que no se negoció ni se resolvió como parte del acuerdo. Por ejemplo, si el finiquito no incluye cantidades adeudadas por comisiones y estas no se mencionan ni se liquidan, el trabajador puede reclamar posteriormente dichas cantidades.

En conclusión, para que el finiquito tenga una función transaccional válida, debe cumplir con los requisitos de existencia de una controversia real, concreción del objeto del acuerdo y negociación sobre los derechos en disputa. Si alguno de estos elementos falta, el finiquito puede perder su eficacia liberatoria total o parcial, permitiendo al trabajador reclamar sus derechos ante los tribunales.

CUESTIONES

1. Ejemplos de cuándo los tribunales niegan valor liberatorio al finiquito

Algunos casos en los que el trabajador puede reclamar y es posible que el finiquito se declarar ineficaz total o parcialmente son:

- Se firma en contratos temporales sucesivos y se pretende que impida discutir la fijeza o el fraude en la contratación.
- Contiene una liquidación inferior a la legalmente debida.
- Recoge una renuncia genérica de futuro («renuncio a cualquier derecho presente o futuro»), sin concretar.
- Se firma en una situación anímica especial o bajo presión.

2. Ejemplos de cuándo los tribunales reconocen valor liberatorio al finiquito

- Cuando el finiquito claramente refleja una transacción concreta (por ejemplo, se paga X a cambio de no reclamar un despido calificado improcedente).

- Detalla conceptos y cuantías, y el trabajador estaba en condiciones de comprender lo que firmaba.

JURISPRUDENCIA

STS, rec. 107/2011, de 28 de noviembre de 2011, ECLI:ES:TS:2011:9082

Para el TS el documento de finiquito no tiene eficacia liberatoria plena, pues no cumple una verdadera función de transacción para evitar o terminar un conflicto; es simplemente una liquidación económica entregada junto con la carta de despido.

10.
PLAZOS DE ENTREGA Y MEDIO DE PAGO DEL FINIQUITO

Con la **firma del finiquito** el empleado reconoce que no queda ningún saldo pendiente por recibir y que las partes ya no tienen nada más que reclamarse por ningún concepto. Pese a que **no existe un plazo específico para que la empresa haga llegar el finiquito al trabajador** —salvo que el convenio colectivo lo establezca—, en la práctica, lo habitual es entregar el finiquito el último día en el que el trabajador acude a su puesto de trabajo. No obstante, el trabajador dispone de un año para reclamar todas aquellas cantidades que le deberían haber abonado.

10.1. Plazos para la entrega del finiquito

No existe un plazo específico establecido por la legislación laboral para que la empresa entregue el finiquito al trabajador, salvo que el convenio colectivo aplicable o disponga lo contrario. Según el artículo 59.1 del Estatuto de los Trabajadores, el trabajador dispone de un año para reclamar las cantidades que le sean adeudadas, siendo este el plazo de prescripción de dichas reclamaciones.

En la práctica, **lo habitual es que el finiquito se entregue el último día en que el trabajador acude a su puesto de trabajo o realizar su abono dentro de los 3 a 10 días siguientes.** Sin embargo, pueden darse situaciones en las que la empresa se retrase en este trámite. En estos casos, es importante revisar el convenio colectivo aplicable, ya que este podría establecer indemnizaciones por los perjuicios ocasionados por el retraso en el pago del finiquito

La reanudación de la relación laboral de forma consecutiva a la firma de un documento de finiquito revela la verdadera intención de las partes contraria a la aparente voluntad de extinción del vínculo. (STSJ Andalucía n.º 1513/1999, de 10 de septiembre de 1999, ECLI:ES:TSJAND:1999:10828).

> **A TENER EN CUENTA**. No existe un plazo específico para que la empresa haga llegar el finiquito al trabajador —salvo que el convenio colectivo lo establezca—.

CUESTIÓN

1. ¿Cuánto tiempo tiene una empresa para pagar el finiquito ante una baja voluntaria sin preaviso?

Según la práctica habitual y lo establecido en el artículo 59 del Estatuto de los Trabajadores, el finiquito suele entregarse el último día de trabajo del empleado. No obstante, no existe un plazo específico en la normativa para que la empresa haga llegar el finiquito al trabajador, salvo que el convenio colectivo aplicable lo establezca. En términos de estándar jurisprudencial y de práctica judicial el finiquito es exigible en el momento de la extinción de la relación laboral (día de efectos de la baja). Si se paga por transferencia, los tribunales aceptan una demora puramente técnica y breve (del orden de pocos días hábiles) siempre que esté prevista o sea razonable por el sistema de pago, y no suponga un retraso cualitativamente grave.

Que la baja sea sin preaviso no habilita a la empresa para demorar el pago; solo permite, en su caso, descontar del finiquito el preaviso incumplido, si así lo establece convenio o contrato y el trabajador ha sido correctamente informado. (STSJ de Madrid, rec. 464/2024, de 20 de noviembre de 2024, ECLI:ES:TSJM:2024:14280).

2. ¿La empresa podría condicionar la entrega de cantidades a que el trabajador acepte un pago a plazos o mediante fórmulas que retrasen o dificulten la puesta a disposición de la indemnización del despido objetivo?

Lo único que admite la jurisprudencia es que el empresario pida la firma de un «recibí» como prueba de que ha pagado la indemnización. Pero si el pago de la indemnización por despido objetivo se condiciona a firmar un finiquito con renuncia al cobro inmediato o a otras condiciones, se entiende que no se ha cumplido el requisito del art. 53.1.b) del ET y el despido deviene improcedente. (STSJ de Andalucía, rec. 295/2020, de 17 de Septiembre, ECLI:ES:TSJAND:2020:10827).

Diferencias entre la puesta a disposición de la indemnización y el pago del finiquito

En el caso de despidos por causas objetivas, el artículo 53.1 del Estatuto de los Trabajadores establece que la indemnización debe ponerse a disposición del trabajador de forma simultánea a la entrega de la carta de despido, sin que pueda producirse desfase alguno ni retrasarse a la fecha de efectividad del despido. Esto implica que el pago de la indemnización debe ser inmediato y no diferido, salvo en casos excepcionales y bajo condiciones específicas.

Acuerdo alcanzado en conciliación entre empresa y trabajador para la extinción del contrato de trabajo

Para los Tribunales el acuerdo alcanzado en conciliación entre empresa y trabajador para la extinción del contrato de trabajo cumple todos los requisitos necesarios para desplegar plenos efectos liberatorios. (STSJ de Cataluña, de 11 de noviembre de 1998; STS, n.º 420/2018, de 19 de abril de 2018; STSJ de Madrid, rec. 506/2014, de 5 de febrero de 2015 y STSJ de Galicia, rec. 2667/2017, 18 de octubre de 2017, ECLI:ES:TSJGAL:2017:6587).

En el caso de acuerdo transaccional de extinción, saldo y finiquito de relación laboral reconociendo indemnización por despido improcedente por parte de la empresa:

- Será necesario validación por parte de la autoridad laboral para que la indemnización pueda quedar exenta de IRPF total o parcialmente. (STSJ de Madrid, rec. 506/2014, 5 de febrero de 2015, ECLI:ES:TSJM:2015:448 y STSJ de Galicia, rec. 2667/2017, 18 de octubre de 2017, ECLI:ES:TSJGAL:2017:6587).

- El trabajador queda vinculado al acuerdo por lo que no podrá acudir a los tribunales salvo existencia de dolo, fraude o incumplimiento por parte de la empresa del pago pactado. (STS n.º 420/2018, de 19 abril de 2018, ECLI:ES:TS:2018:1710).

10.2. Medios de pago del finiquito al trabajador

No se establece ninguna previsión legal sobre el medio para el pago del finiquito aceptándose **efectivo, cheques o transferencias bancarias.**

La doctrina unificada la Sala Cuarta del Tribunal Supremo, ha considerado que la **transferencia bancaria** es un medio de pago válido por su equivalencia a dinero en metálico (STS 22-01-2008 (R. 1689/2007), STS 21-03-2006 (Rud 2496/2005), entre otras), señalando que a pesar de que la transferencia bancaria de la indemnización a la cuenta corriente del trabajador carece de previsión normativa y no se acepta, en un principio, como método alternativo de poner aquélla a disposición del trabajador, lo cierto es que no existía —-ni existe— razón alguna para dar a este medio de pago un trato distinto al otorgado al cheque bancario a los efectos examinados, «pues ninguna duda cabe de que estamos ante un medio de pago más fiable incluso que aquel». (STS, rec. 1689/2007, de 22 de enero de 2008, ECLI:ES:TS:2008:801 y STS, rec. 3449/2009, de 22 de abril de 2010, ECLI:ES:TS:2010:2677).

Asimismo, es conveniente que, si el pago se efectuase a través de un cheque, en el finiquito quede anotado su número.

Finiquito con plan de rentas

Un «finiquito con plan de rentas» es, en esencia, un **documento de liquidación y extinción de la relación laboral** que, además de la liquidación clásica de haberes, **incorpora y concreta un sistema de cobro de la indemnización en forma de rentas periódicas (normalmente gestionadas a través de una póliza de seguros).**

Esta variante suele aparecer cuando los trabajadores se adhieren voluntariamente a un plan social de desvinculaciones voluntarias mediante expediente de regulación de empleo (ERE). (STSJ de Madrid n.º 765/2015, de 26 de octubre, ECLI:ES:TSJM:2015:12175).

10.3. Firma del finiquito

Como sucede en el plazo de entrega, no existe ningún plazo para firmar un finiquito: este depende, por norma general, de la forma en que haya finalizado el contrato de trabajo y el tipo de despido que se haya producido.

Como hemos reiterado, mediante el finiquito empresario y trabajador expresan su conformidad con la liquidación de todos los haberes adeudados por el trabajador y no cobrados en el momento de finalizar su relación laboral con la empresa, independientemente del motivo de cese en el trabajo. Por lo que **su firma supone un efectivo medio de prueba para el empresario, a pesar de no ser obligatoria para ninguna de las partes. Si el trabajador no está de acuerdo, no tiene obligación alguna de firmar el finiquito.**

En el supuesto de firmarse el finiquito, éste tendrá una gran importancia como documento probatorio, ya que permitirá al empresario demostrar la liquidación de todas y cada una de las obligaciones que tenía con el trabajador a la extinción de la relación laboral.

Si el finiquito no se firma será el trabajador el que deba reclamar a la empresa la cantidad que estime adeudada, presentando una papeleta de conciliación ante el SMAC. Si en el acto de conciliación hay acuerdo, se le entregará, en caso contrario, deberá acudirse ante la sección de lo social del tribunal de instancia competente.

Es decir, se admite que el finiquito documente la extinción de una deuda siempre que el acuerdo entre las partes sea idóneo a tal fin. Y a estos efectos se entiende que no lo será en los siguientes supuestos (SSTSJ del País Vasco, rec. 1684/2014, de 7 de octubre de 2014 y rec. 1568/2013, 15 de octubre de 2013, ECLI:ES:TSJPV:2013:2668).

1. Cuando exista vicio del consentimiento de las partes que intervienen en el negocio. (STSJ de Cataluña, de 4 de junio de 1999 y STSJ Castilla-La Mancha, de 8 de junio de 1999.

2. Cuando afecte a algún derecho irrenunciable (STSJ del País Vasco de 18 de febrero de 2.003).

3. Cuando sus manifestaciones no corresponden a la realidad o se limita a frases estereotipadas y ambiguas.

4. Cuando se haya firmado con anterioridad a la ruptura del vínculo laboral o en blanco. (STSJ de Castilla y León n.º 30/2014, de 23 de enero de 2014).

Es válido el firmado por un menor de edad autorizado para contratar, pues no plantea problema jurídico alguno que un menor con capacidad jurídica limitada, al estar asistido por su representante legal para contratar, queda implícitamente legitimado para ejercitar cuantos derechos y obligaciones se deriven de ese contrato, incluida liquidación y extinción del vínculo laboral.

JURISPRUDENCIA

STS, rec. 1067/2008, de 21 de julio de 2009, ECLI:ES:TS:2009:5363

El reconocimiento de la improcedencia del despido por el empresario no impide el devengo de salarios de trámite si no va acompañada de la consignación que procede, sino otra inferior. Y ello, aunque el trabajador hubiese suscrito simultáneo finiquito.

RESOLUCIÓN RELEVANTE

STSJ de Andalucía n.º 3280/2025, de 7 de noviembre, ECLI:ES:TSJAND:2025:17872

El valor liberatorio del finiquito en casos de sucesión empresarial está condicionado por la ausencia de vicios en el consentimiento del trabajador, la claridad en la liquidación de las cantidades adeudadas y la existencia de una relación jurídica que determine la sucesión empresarial. La jurisprudencia destaca que cada caso debe ser analizado en función de sus circunstancias específicas y de las pruebas aportadas.

10.4. Garantías a tener en cuenta a la hora de firmar el finiquito

El Estatuto de los Trabajadores a este respecto se limita a hacer referencia a la extinción del contrato por acuerdo entre las partes [art. 49.1.a) del ET] y a intentar prevenir los abusos empresariales en la formulación de los finiquitos, a través de la **presencia de representantes legales en el momento de su suscripción** (art. 49.2 del ET) y estableciendo entre las **competencias del comité de empresa la de conocer los documentos relativos a la terminación de la relación laboral** (art. 64.1.6 del ET).

De esta forma la legislación laboral establece las **dos garantías en beneficio del trabajador:**

- En primer lugar, el trabajador podrá solicitar la **presencia de un representante legal** (miembro del comité de empresa, delegado de personal o delegado sindical) en el momento de proceder a la firma del recibo de finiquito, haciéndose constar en el mismo el hecho de su firma en presencia de un representante legal de los trabajadores o bien que el trabajador no ha hecho uso de esta posibilidad. Si el empresario impidiese la presencia del representante en el momento de la firma, el trabajador podrá hacerlo constar en el propio recibo, a los efectos oportunos (art. 49.2 del ET).

- En segundo lugar, el comité de empresa o los delegados de personal (y los delegados sindicales) tienen derecho a conocer los *modelos de recibos de finiquito* que se utilicen en la empresa (art. 64.1.6 del ET y art. 10.3.1 de la LOLS).

A TENER EN CUENTA. El Estatuto de los Trabajadores como garantías para evitar abusos establece la presencia de representantes legales en el momento de la suscripción del finiquito y el derecho de estos a conocer los modelos de recibos de finiquito que se utilicen en la empresa. En el finiquito se incluyen la parte de las vacaciones no disfrutadas, la parte proporcional de las pagas extraordinarias, así como aquellos conceptos pendientes de abono. No obstante, puede incluir también la indemnización correspondiente por la extinción de la relación de trabajo, o ésta puede entregarse en un documento aparte.

RESOLUCIÓN RELEVANTE

STSJ Andalucía n.º 1513/1999, de 10 de septiembre de 1999, ECLI:ES:TSJAND:1999:10828

Para que el finiquito suponga extinción **debe incorporar una voluntad unilateral del trabajador de extinguir, un mutuo acuerdo extintivo o una transacción en que se acepte el cese acordado por el empresario, sin que baste la alusión a una irreal terminación de contrato.**

Presencia de un miembro del Comité de Empresa o Delegado de Personal en la firma del finiquito

El art. 49.2 del Estatuto de los Trabajadores, relativo a la extinción del contrato, establece que: «*el trabajador podrá solicitar la presencia de un representante legal de los trabajadores en el momento de proceder a la firma del recibo del finiquito, haciéndose constar en el mismo el hecho de su firma en presencia de un representante legal de los trabajadores, a bien que el trabajador no ha hecho uso de esta posibilidad. Si el empresario impidiese la presencia del representante en el momento de la firma, el trabajador podrá hacerlo constar en el propio recibo, a los efectos oportunos*». Es decir, el empresario estará obligado a permitir en el momento de la firma por el trabajador del citado recibo, si éste así lo requiere, la presencia de un miembro del Comité de Empresa o Delegado de Personal. En el documento se hará constar tal circunstancia, y si el empresario impidiese la presencia del representante, el trabajador puede hacerlo constar, igualmente, en el propio recibo.

El incumplimiento de esta obligación se considera falta grave en materia laboral y puede ser sancionada con multa de 3.751 a 7.500 euros (arts. 7 y 40 de la LISOS).

RESOLUCIÓN RELEVANTE

STSJ de Madrid, rec. 1460/2017, de 11 de mayo de 2018, ECLI:ES:TSJM:2018:5030

En esta sentencia, el dato de que la trabajadora firmara sola, sin representante legal de los trabajadores ni asesor, no convierte por sí mismo el despido en nulo o improcedente, pero tiene dos repercusiones muy importantes:

– **Repercusión sobre el vicio del consentimiento (intimidación).** La Sala valora que la reunión se produce al final de la jornada, en una sala cerrada, con dos mandos de la empresa, sin representante de los trabajadores, sin delegado sindical y sin posibilidad real de asesorarse.

Ese contexto, unido a la forma en que se le plantean las "opciones" (despido por bajo rendimiento + firma de un finiquito con renuncia a acciones, o despido por transgresión de la buena fe con posible denuncia penal), es lo que lleva al Tribunal a concluir que el consentimiento prestado al firmar el acuerdo de finiquito está viciado por intimidación.

Es decir, la ausencia de representante no es el único factor, pero refuerza la idea de que la empresa generó un ambiente hostil y de presión que impidió una decisión "perfectamente libre". Sobre esa base el TSJ declara nulo el finiquito y reconoce que la trabajadora sí tiene acción para impugnar el despido.

– **Repercusión sobre el valor liberatorio del finiquito.** El TSJ, teniendo en cuenta, entre otros elementos, que la trabajadora estaba embarazada, se encontraba sola frente a dos superiores, no tuvo asistencia ni margen real de reflexión, firmó una renuncia amplísima a acciones a cambio de una mera liquidación de haberes, concluye que no hay verdadera transacción, sino una renuncia obtenida bajo presión.

10.5. Lugar de la entrega del finiquito

Lo habitual es que el finiquito se entregue el último día en que el trabajador acude a su puesto de trabajo. Esto se considera una práctica común y razonable, evitando desplazamientos innecesarios para el trabajador.

En casos donde la empresa exige que el trabajador se desplace a su domicilio social para firmar el finiquito, especialmente si este se encuentra lejos del centro de trabajo, se considera que dicho desplazamiento constituye una obligación laboral. En tal caso, la empresa debe asumir los gastos de desplazamiento y dietas correspondientes. Además, el trabajador no está obligado a firmar el finiquito si considera que perjudica sus derechos, sin que ello implique la pérdida de la liquidación que le corresponda.

11.
INCIDENCIAS

El análisis de los diversos aspectos relacionados con el finiquito en el ámbito laboral resulta esencial para comprender su alcance, eficacia y posibles controversias. Se abordarán cuestiones como las incidencias en su aplicación, la validez del finiquito en situaciones particulares (como contratos temporales en fraude de ley, pagos en dinero negro o mejoras en la Seguridad Social), su relación con pactos de no competencia, y otros aspectos relevantes como el embargo del finiquito, la firma y posterior reclamación, o su aplicación en casos de subrogación empresarial.

11.1. Finiquito por agotamiento de la incapacidad temporal

El agotamiento de los 545 días de IT plantea importantes desafíos legales y prácticos para las empresas y los trabajadores. Es esencial que las empresas actúen con cautela al cursar la baja en la Seguridad Social y redactar el finiquito, asegurándose de que no se interprete como una extinción del contrato. Asimismo, los trabajadores tienen derecho a reclamar las vacaciones devengadas y no disfrutadas en el momento de la extinción de la relación laboral, que se produce con la declaración de incapacidad permanente. La correcta aplicación de la normativa y la jurisprudencia vigente es clave para evitar conflictos y garantizar el respeto de los derechos laborales.

JURISPRUDENCIA

STS n.º 1157/2025, de 27 de noviembre, ECLI:ES:TS:2025:5425

Distingue entre la obligación de la empresa de cursar la baja en Seguridad Social al agotarse los 545 días de IT (art. 174 de la LGSS), y una verdadera voluntad de extinguir el contrato (despido o extinción), que solo existe si la conducta empresarial lo muestra de forma clara. A partir de ahí, para hacer un finiquito cuando se agota el periodo máximo de IT sin que eso sea un despido, la empresa debe actuar con mucho cuidado en cómo redacta y comunica el documento.

> **A TENER EN CUENTA**. Según el art. 174 de la LGSS, a los 545 días de IT se extingue el subsidio de IT. Ante esta situación la empresa debe cursar la baja en Seguridad Social (no se sigue cotizando mientras dure el periodo de prolongación de efectos económicos hasta que el INSS califique la incapacidad).

Pero eso no significa automáticamente que se extinga el contrato de trabajo. Si la empresa solo cursa la baja en Seguridad Social para cumplir el art. 174 de la LGSS, no hay despido.

Para que haya despido (incluso tácito), debe existir una voluntad empresarial clara e inequívoca de finalizar la relación laboral.

1. Qué debe contener el finiquito en esta situación

Al agotar los 545 días de IT, la empresa puede y debe liquidar ciertas cantidades pendientes (salarios, partes proporcionales, etc.). La normativa o jurisprudencia no detallan los conceptos, pero sí da criterios sobre cómo no convertir ese finiquito en un despido.

En coherencia con la reciente STS, el finiquito debería:

a) Limitarse a liquidar conceptos devengados hasta la fecha de agotamiento de la IT, por ejemplo:

- Salarios pendientes.
- Vacaciones devengadas y no disfrutadas hasta esa fecha (si procede).
- Pagas extraordinarias prorrateadas (si procede).
- Otros conceptos salariales devengados.

b) No utilizar expresiones que indiquen "extinción" o "fin de la relación laboral", como, por ejemplo:

«Extinción definitiva del contrato».
«Finalización de la relación laboral».
«Baja definitiva en la empresa».

> **A TENER EN CUENTA**. La STSJ de Cataluña n.° 4268/2023, de 4 de julio de 2023, ECLI:ES:TSJCAT:2023:7696, entendió que el finiquito y la notificación de fin de contrato mostraban inequívocamente la voluntad extintiva. Justo eso es lo que la empresa debe evitar.

c) Vincular expresamente la liquidación al agotamiento de la IT y al cumplimiento de la normativa de Seguridad Social, por ejemplo:

- Que se liquiden los conceptos salariales pendientes «con motivo del agotamiento del periodo máximo de incapacidad temporal (545 días), de conformidad con el art. 174 LGSS, sin que ello suponga la extinción de la relación laboral».

2. Cómo debe redactarse el documento para que no se interprete como despido

Conforme a la doctrina analizada:

- Para que exista despido tácito, debe haber una conducta empresarial que revele inequívocamente la voluntad de poner fin a la relación laboral.
- Si la empresa solo cursa la baja en Seguridad Social y no exterioriza voluntad de extinguir el contrato, no hay despido.

Por tanto, al redactar el finiquito (y el correo o carta que lo acompaña):

a) Dejar claro que no hay voluntad de extinguir el contrato, por ejemplo:

«La presente liquidación se efectúa exclusivamente en cumplimiento de las obligaciones legales derivadas del agotamiento del periodo máximo de incapacidad temporal, sin que la empresa manifieste voluntad de extinguir la relación laboral».

3. Evitar expresiones equívocas, como:

«Se da por extinguida la relación laboral».
«Ambas partes se dan por finiquitadas y sin nada más que reclamarse en el futuro derivado de la relación laboral» (esta fórmula típica, en este contexto, puede ser peligrosa si se interpreta como fin del contrato).

A TENER EN CUENTA. El documento entregado a la persona trabajadora en IT debe especificar claramente que se trata de una baja en Seguridad Social por agotamiento de IT (en el contexto del art. 174 de la LGSS, sin obligación de cotizar) y el contrato queda suspendido a la espera de la resolución de incapacidad permanente.

---

4. Para reforzar esa idea de no extinción de la relación laboral desde el principio (y evitar litigios):

En el correo o carta que acompaña al finiquito debería indicarse algo del tipo:

«Que se adjunta liquidación de cantidades devengadas hasta la fecha X (agotamiento de los 545 días)».
«Que se ha cursado la baja en la Seguridad Social conforme al art. 174 LGSS».
«Que la empresa no entiende extinguida la relación laboral, quedando la situación laboral condicionada a la resolución que dicte el INSS (posible declaración de incapacidad permanente, etc.)».

5. Posible posterior declaración de incapacidad permanente de la persona trabajadora

Es posible que, tras el agotamiento de la IT y la baja en Seguridad Social, el INSS declara a la trabajadora en incapacidad permanente total. Es esa declaración la que puede ser causa de extinción posterior del contrato (por aplicación de la normativa de Seguridad Social y del Estatuto de los Trabajadores), pero eso ya es otro acto distinto, no el agotamiento de los 545 días ni el finiquito inicial. Insistimos:

1. En el finiquito al agotar la IT no se debe mezclar la liquidación de cantidades por fin de IT con una «extinción por IP» que todavía no se ha producido (porque aún no hay resolución del INSS).

2. Cuando llegue la IP, si procede la extinción, habría que notificarla de manera específica y, en su caso, hacer la liquidación correspondiente a esa extinción (que es distinta del finiquito por agotamiento de IT).

6. Esquema de actuación empresarial

SITUACIÓN	PROCEDIMIENTO
Agotamiento de los 545 días de IT:	• Cursar baja en Seguridad Social (art. 174 LGSS). • Elaborar un finiquito que: » Liquide solo lo devengado hasta ese momento. » No incluye lenguaje de extinción del contrato. » Indique expresamente que la relación laboral no se considera extinguida
Periodo de prolongación de efectos y calificación de IP	• Esperar la resolución del INSS. • No realizar actos que aparenten fin del contrato, salvo que exista una causa y se formalice correctamente (despido, extinción por IP, etc.).
Resolución de IP (si llega)	• Si se reconoce incapacidad permanente total/parcial/absoluta, aplicar el régimen legal correspondiente de extinción o adaptación del puesto, y, en su caso, hacer un nuevo finiquito por esa extinción, con la causa claramente identificada.

11.2. Eficacia liberatoria del finiquito ante la especial situación anímica del trabajador

Si el finiquito es claro, incluye una liquidación correcta y una indemnización relevante, y se firmó sin prueba sólida de engaño, coacción, error esencial ni especial situación anímica invalidante, **lo coherente con la doctrina es reconocerle plena eficacia liberatoria respecto de los conceptos liquidados.**

La mera alegación posterior de que el trabajador estaba «mal anímicamente» no basta por sí sola; hace falta que se pruebe un estado psíquico que realmente afectara a su capacidad de comprender lo que firmaba, y que la empresa se aprovechó de ello.

La empresa demostrará la validez del finiquito:

- Aportando el documento firmado y explicando su contenido claro.
- Probando la corrección de la liquidación.
- Acreditando, con testimonios y contexto, que no hubo presiones ni engaño y que el trabajador actuó con normalidad.

1. Si el finiquito es claro, hay una contraprestación relevante, no hay prueba de engaño, coacción ni error esencial, y el trabajador firma libremente, ¿se le reconoce plena eficacia liberatoria?

En el caso planteado (documento claro + contraprestación relevante + firma libre, sin prueba de engaño o coacción ni error esencial), la posición que está defendiendo la empresa se alinea con la doctrina jurisprudencial dominante: sí se le reconocería en principio plena eficacia liberatoria respecto de lo expresamente liquidado en el documento.

2. ¿Influye en el valor libratorio del documento que en el momento de la firma del finiquito el trabajador se encuentra en una «especial situación anímica»?

Aquí es donde entra un matiz muy importante:

- La «especial situación anímica» SÍ PUEDE PRIVAR al finiquito de valor liberatorio si se acredita que esa situación afectó a la capacidad real del trabajador para comprender y asumir el contenido del documento y para prestar un consentimiento libre e informado.
- No basta con alegar, en abstracto, que se estaba «mal anímicamente». Tiene que tratarse de una situación relevante y probada que incida en la validez del consentimiento (vicio de voluntad: error, intimidación, dolo o incluso incapacidad de hecho en ese momento).

Por tanto, la «especial situación anímica» sí influye potencialmente; es una de las causas que la jurisprudencia ha manejado para excluir la eficacia liberatoria del finiquito, pero su efecto depende de la prueba.

- Si el trabajador solo alega que estaba mal anímicamente, sin respaldo probatorio serio (informes médicos/psicológicos, testigos, un contexto claro de presión intensa, etc.), lo normal es que no se destruya automáticamente el valor liberatorio del finiquito.
- Si, en cambio, se acredita una situación psíquica grave o alteración anímica intensa, aprovechada por la empresa (prisas, presiones, ausencia total de margen para asesorarse, etc.), el órgano judicial puede considerar que el consentimiento no fue plenamente libre o informado y denegar el valor liberatorio del finiquito.

3. ¿Cómo demostraría la empresa la validez del finiquito?

En un juicio, la carga práctica se articula así:

a) La empresa aporta el finiquito firmado

- Documento original o copia autenticada.
- Debe verse claramente:
  - » Identificación del trabajador y de la empresa.
  - » Relación detallada de conceptos y cuantías.
  - » Mención expresa a que no queda nada más que reclamar (o fórmula equivalente).

b) Acreditar la claridad y transparencia del documento

Que el finiquito:

- Está redactado en términos comprensibles (sin fórmulas confusas o ambiguas).
- No induce a error sobre su alcance ni sobre la intención de las partes.

c) Demostrar que hubo consentimiento libre, sin presión ni engaño

- Medios típicos de prueba:
  - » Testifical de la persona que entregó el finiquito (RR. HH., mando intermedio) explicando:
  - » Cómo se entregó el documento (si se dejó tiempo para leerlo).
  - » Si se informó de la posibilidad de asesorarse o de no firmar en el acto.
  - » Ausencia de amenazas, coacciones o insistencias anómalas.
- Documental:
  - » Correos, comunicaciones previas en las que se anunciaba la extinción y se facilitaba el borrador de finiquito.
  - » Posible intervención de representación legal de los trabajadores o de sindicato (si participaron).
- Elementos de contexto:
  - » Ausencia de discusiones o conflictos graves en ese momento.
  - » Conducta posterior del trabajador (por ejemplo, si durante un tiempo no manifestó disconformidad).

La jurisprudencia insiste en que el valor liberatorio está ligado a la ausencia de vicios en la formación de la voluntad.

d) Rebatir la «especial situación anímica» alegada por el trabajador

- La empresa puede: pedir que el trabajador concrete y pruebe:
  - » Diagnósticos médicos o psicológicos.

» Tratamientos en el periodo inmediatamente anterior/posterior.

» Episodios que acrediten alteración grave (bajas médicas por trastornos psíquicos, etc.).

» Aportar testifical de quienes estuvieron presentes al firmar que el trabajador se comportaba de forma normal, preguntó dudas si las tenía, etc.

• Hay que destacar que:

» No se solicitó la presencia de representante, abogado o sindicato, pero tampoco se impidió.

» No hay informes ni hechos objetivos que acrediten un estado psíquico que anule o vicie su voluntad.

e) Justificar la «contraprestación relevante» y la corrección de las cuantías

Para reforzar la defensa del valor liberatorio:

• Presentar el cálculo detallado de:

» Salarios pendientes, vacaciones, pagas extras, indemnización legal o mejora pactada.

» Demostrar que no hay minoración ilícita (finiquito no inferior a lo legalmente debido).

Si el importe abonado se corresponde o supera lo que legalmente procede, esto refuerza la tesis de que el finiquito es una transacción válida y no renuncia encubierta a derechos mínimos.

Postura judicial a favor de la empresa

STSJ de Madrid, rec. 1890/2009, de 16 de octubre de 2009, ECLI:ES:TSJM:2009:11912. Una *«especial situación anímica»* solo afecta a la validez del finiquito si se prueba que es tan grave que vicia el consentimiento y que la empresa se aprovechó de ello; sin esa prueba, el finiquito sigue siendo eficaz. En este caso, el TSJ no aprecia ningún vicio y mantiene la eficacia del finiquito, limitando su alcance únicamente respecto de las horas extras no incluidas.

STS, rec. 1607/2007, de 26 de febrero de 2008, ECLI:ES:TS:2008:1507. Se reconoce que el finiquito, como expresión de la libre voluntad de las partes, tiene eficacia liberatoria y extintiva definitiva, siempre que no existan vicios de voluntad, ausencia de objeto cierto, causa falsa o que el pacto sea contrario a norma imperativa, orden público o perjudique a terceros. En el caso analizado, el finiquito fue considerado válido al cumplir con los requisitos mencionados y no haberse acreditado presiones ni vicios en la voluntad del trabajador.

STS, rec. 1067/2008, de 21 de julio de 2009, ECLI:ES:TSJAND:2023:13402. Reafirma que los finiquitos tienen eficacia liberatoria si se demuestra que el trabajador firmó libremente y sin vicios en su voluntad. En este caso, se reconoció la validez del finiquito al no haberse acreditado una especial situación anímica que afectara la capacidad del trabajador para prestar su consentimiento.

Postura judicial a favor del trabajador

STS, rec. 1067/2008, de 21 de julio de 2009, ECLI:ES:TS:2009:5363. Aunque en general se reconoce el valor liberatorio del finiquito, esta sentencia señala que dicho valor puede ser anulado si se acredita que el trabajador se encontraba en una especial situación anímica que afectó su capacidad para comprender el alcance del documento. En este caso, se consideró que el estado emocional del trabajador y las circunstancias de presión ejercidas por la empresa invalidaron el consentimiento prestado.

11.3. Validez del finiquito en contratos temporales celebrados en fraude de ley

Incluso si un contrato temporal es fraudulento, la relación puede extinguirse válidamente por mutuo acuerdo claro, salvo vicio en el consentimiento. Es decir, que el **contrato temporal sea fraudulento no impide que empresa y trabajador puedan, mediante un acuerdo válido (finiquito con voluntad extintiva clara y sin vicios), poner fin a la relación laboral. Lo decisivo no es la licitud del contrato previo, sino que el acuerdo posterior cumpla los requisitos de un auténtico mutuo acuerdo extintivo.**

Para el Tribunal Supremo, el finiquito en contratos temporales fraudulentos solo cierra la posibilidad de reclamar cuando contiene una declaración inequívoca de que el trabajador acepta la extinción por acuerdo y renuncia a futuras acciones, y cuando esa declaración se ha prestado libremente y con conocimiento. Si el finiquito es un mero recibo de cantidades, la vía para impugnar el despido continúa abierta.

En la **STS, rec. 642/2004, de 22 de noviembre, ECLI:ES:TS:2004:7544**, el Tribunal se enfrentó a un supuesto muy similar: ya existía un despido previo comunicado por la empresa, pero pocos días después el trabajador firmó un finiquito con una redacción prácticamente calcada a la de Marta. El Supremo consideró que ese texto contenía una «clara y formal manifestación de voluntad de extinguir la relación laboral», independiente de que el despido anterior fuera o no ajustado a derecho. Y, **al no haberse alegado ni probado vicios del consentimiento, otorgó al finiquito pleno valor liberatorio: el contrato se tuvo por extinguido de mutuo acuerdo y la demanda del trabajador se desestimó.**

La STS, rec. 4625/2000, de 26 de noviembre de 2001, ECLI:ES:TS:2001:9212, por su parte, pone el énfasis en la claridad de la voluntad extintiva y en que el documento pueda interpretarse como acuerdo extintivo válido, más que en una fórmula de renuncia expresa a acciones futuras. En este caso el TS destaca que en el documento el trabajador declara «libremente haber rescindido por fin contrato la relación laboral que tenía con esta empresa» y que esa manifestación no ofrece duda interpretativa.

Del mismo modo, la **STS, rec. 320/2004, de 7 de diciembre, ECLI:ES:TS:2004:7897**, la Sala parte de que el contrato temporal era fraudulento (no había causa real de temporalidad) y aun así afirma expresamente que:

- Es posible que, declarada la ilegalidad de un acto jurídico, «*(...) pueda ponerse fin a la situación por él creada, por acuerdo entre las partes*».
- Ese acuerdo extintivo tendrá valor si el finiquito recoge de forma clara la voluntad de extinguir el contrato y no existe vicio del consentimiento.

En este caso concreto, el Tribunal Supremo considera que el documento firmado por la trabajadora («considerando rescindido el contrato de trabajo (...)») contiene una declaración clara de voluntad extintiva, no se ha alegado error, coacción, etc., y, por tanto:

- Le reconoce eficacia como mutuo acuerdo extintivo del apdo. 1.a) del art. 49 por el ET.
- Revoca las sentencias anteriores y desestima la demanda por despido.

Como último ejemplo, la **STS, rec. 475/2009, de 10 de noviembre de 2009, ECLI:ES:TS:2009:7939**, entiende que incluso cuando el contrato temporal se ha celebrado en fraude de ley (es decir, cuando en realidad la relación debe considerarse indefinida), sí puede extinguirse válidamente por mutuo acuerdo, siempre que concurran estas condiciones:

- **El documento de finiquito ha de contener una voluntad clara de extinguir la relación laboral.** En el caso enjuiciado, el trabajador firmó un texto en el que expresamente decía: «*da por terminada su relación laboral con la empresa (...) y por extinguido el contrato de trabajo que con ella le unía (...) renunciando expresamente a cualquier reclamación (...)*». El Tribunal Supremo destaca que la redacción es inequívoca en cuanto a que el propio trabajador quiere dar por finalizada la relación.

- **No debe existir vicio en el consentimiento (art. 1265 CC): error, dolo, violencia o intimidación.** El TS resalta que el Juzgado de lo Social declaró probado que el trabajador firmó voluntariamente el finiquito, no se acreditó error esencial, engaño, coacción, dolo, violencia ni intimidación. Por tanto, el consentimiento se presume libre y válido.

- **El finiquito actúa, en ese caso, como manifestación externa de un mutuo acuerdo extintivo [art. 49.1.a) del ET].** El Tribunal recuerda su doctrina: el finiquito, cuando recoge expresamente la voluntad de dar por terminada la relación y no hay vicios del consentimiento, tiene eficacia liberatoria y extintiva, incluso aunque la relación subyacente fuera en realidad indefinida por fraude en la contratación temporal.

- **El fraude del contrato no se traduce automáticamente en nulidad del acuerdo extintivo posterior.** La Sala corrige al TSJ de Cataluña, que había entendido que, al ser el contrato temporal fraudulento y la relación indefinida, no podía «finalizar con la firma de un documento de saldo y finiquito». El Supremo dice lo contrario: el carácter fraudulento del contrato no basta, por sí mismo, para considerar viciado el consentimiento prestado al firmar el finiquito, si no se prueba específicamente error, dolo, intimidación, etc.

Aplicando esa lógica de la jurisprudencia analizada al caso planteado, **aunque los contratos temporales pudieran ser fraudulentos y, por tanto, la relación debiera calificarse como indefinida, lo decisivo no es tanto la calificación inicial, sino que posteriormente firmó un documento en el que aceptó expresamente la extinción «de conformidad de ambas partes» y renunció a reclamar.** Si la trabajadora no es capaz de demostrar que firmó bajo engaño, presión o error esencial sobre el significado del texto, **el finiquito operaría como un cierre pactado de la relación.** El fraude inicial no neutraliza, por sí mismo, la eficacia de ese acuerdo posterior.

En síntesis:

- **Sí:** un contrato temporal en fraude de ley da lugar a una relación indefinida.

- **Pero:** esa relación indefinida puede extinguirse válidamente por mutuo acuerdo, reflejado en un finiquito, si:

  » El documento expresa de forma clara que el trabajador quiere dar por terminada la relación.

  » No se acredita ningún vicio del consentimiento.

Solo en caso de que se demostrara que el trabajador firmó engañado, coaccionado, en error esencial, o que el contenido fuera contrario a normas imperativas o supusiera una renuncia prohibida de derechos, podría negarse eficacia a ese acuerdo.

11.4. Valor libratorio del finiquito con pagos en «dinero negro»

El finiquito solo puede tener valor liberatorio respecto de lo que realmente se liquida y/o se renuncia de forma clara. Respecto a cantidades no declaradas o pagadas «en negro», salvo que se hayan reconocido y liquidado expresamente, la doctrina y jurisprudencia lleva a entender que **el finiquito no extingue automáticamente esos derechos.** Es decir, incluso aunque el finiquito se considerase válido para los conceptos que detalla, no liquida ni libera respecto del salario en «negro» porque: no está reflejado, no se ha documentado y además el trabajador ha hecho una reserva explícita al firmar.

En la **STS, rec. 4196/2016, de 30 de enero de 2019, ECLI:ES:TS:2019:633,** el Tribunal Supremo fija una idea clave sobre el valor liberatorio del finiquito, que es aplicable para solucionar el caso planteado:

- **Regla general sobre el finiquito.** El finiquito tiene, en principio, valor liberatorio respecto de los créditos que el trabajador reconoce como percibidos y liquidados frente a la empresa.

- El Supremo recuerda que el finiquito debe interpretarse conforme a lo que realmente se expresa en él y a la voluntad clara que resulta de su contenido. No puede entenderse que incluye ni extingue derechos o créditos que no están clara e inequívocamente comprendidos o que no han sido objeto real de pago o compensación. Cita el art. 1283 del CC: las renuncias de derechos han de ser claras e indudables; no se presumen.

- **Aplicación a cantidades «no declaradas» o en «dinero negro».** Aunque la sentencia no trata específicamente el "dinero negro", de su doctrina se extraen dos conclusiones muy importantes:

  - El valor liberatorio del finiquito no puede extenderse automáticamente a cantidades que no figuran en nómina, no se declaran ni se mencionan, y que, por definición, la empresa suele negar en sede judicial.

  - Para que el finiquito tuviera eficacia liberatoria sobre esas cantidades «en B» sería necesario que se reconozca claramente su existencia y se haga constar su liquidación, o que haya una manifestación clara e inequívoca de renuncia por parte del trabajador respecto de ese concreto crédito.

  - Si no hay tal claridad, y menos aún si la empresa ha ocultado esos pagos o niega su existencia, resultaría muy difícil sostener que el trabajador renunció válidamente a un derecho que no ha sido objeto de liquidación transparente ni de reconocimiento expreso.

De esta forma, los pagos en «negro» contravienen normas imperativas y de orden público, lo que puede anular el valor extintivo del finiquito si se demuestra que oculta la realidad salarial. La jurisprudencia establece que los derechos laborales son irrenunciables y que cualquier acuerdo que encubra fraude o abuso de derecho carece de validez.

El problema práctico a la hora de reclamar será que la parte en "negro" no suele dejar rastro formal (no figura en nóminas ni finiquito ni cotizaciones), por lo que el trabajador necesitará pruebas sólidas: testigos (compañeros que confirmen el salario real), *WhatsApp*, emails, mensajes donde se hable de la cuantía real, documentos internos de la empresa (si se consiguen), cualquier transferencia con conceptos ambiguos que puedan vincularse a esos pagos, posible inspección de trabajo, etc. Una vez acreditado eso, **la empresa tiene la obligación de probar el pago de los salarios en caso de reclamación.** (STS n.º 474/2023, de 4 de julio, ECLI:ES:TS:2023:3034).

11.5. Validez del finiquito en caso de mejoras en la Seguridad Social

a) Indemnización por incapacidad permanente reconocida en convenio

Según la STS, rec. 4247/2002, de 28 de abril de 2004, ECLI:ES:TS:2004:2831, no puede darse eficacia a un finiquito que contenga una renuncia genérica y anticipada a una indemnización por incapacidad permanente que aún no se ha devengado ni ha sido reconocida.

La regla general que deriva de esta sentencia, un trabajador no puede válidamente renunciar de forma genérica y anticipada a derechos derivados de una incapacidad permanente que aún no ha sido reconocida, ni se ha devengado y no es objeto de una transacción concreta y específica.

Atendiendo a la jurisprudencia, el trabajador conserva el derecho a reclamar esa indemnización prevista en el convenio, pese a haber firmado un finiquito con fórmula genérica de «nada que reclamar» y renuncia a reclamaciones ulteriores. Lo contrario vulneraría el apdo. 5 del art. 3 del ET (irrenunciabilidad de derechos reconocidos en norma legal o convenio) y el art. 3 de la LGSS (irrenunciabilidad de derechos de Seguridad Social y sus mejoras).

|| b) Compromisos por pensiones

El «valor liberatorio» del finiquito en relación con complementos de pensiones/mejoras voluntarias no es pacífico. Dependerá de si el finiquito se pronuncia o no expresamente sobre esas mejoras y del contenido de la reglamentación interna del plan o póliza.

La SAN, rec. 132/2019, de 23 de diciembre de 2021, ECLI:ES:AN:2021:5808, revela la compleja casuística de la conservación de las mejoras en los supuestos de despido en torno al valor liberatorio que cabe atribuir al finiquito según se pronuncie o no sobre los complementos de pensiones y a la incidencia que en tales cuestiones pueda tener la reglamentación interna de la empresa.

Es revelador con respecto a esta conflictividad el **ATS, rec. 761/2019, de 11 de octubre, ECLI:ES:TS:2019:10607A**, el cual, al hilo de la inadmisión de un recurso de casación para unificación de doctrina, se desvela la rica problemática de la cuestión y las distintas soluciones que proporcionan los tribunales. También puede citarse en relación a ello la STS de 19 de noviembre de 2014 (cas. 1221/2013), cuyo fundamento jurídico primero es bien ilustrativo al señalar que la cuestión que plantea el recurso es *«(...) determinar, en el supuesto de un trabajador que es despedido con reconocimiento empresarial de improcedencia y que estaba incluido entre los beneficiarios del Reglamento de Ayuda a Pensiones denominado (...) -cuyos compromisos se garantizaron concertando la empresa un seguro colectivo con una Entidad aseguradora-, si debe entenderse justificada la decisión empresarial de dar de baja al trabajador en la póliza simultáneamente a su despido improcedente (en fecha 01- 03-2006) o si, por el contrario, el trabajador despedido tiene derecho a conservar sus posibles derechos, bien, con carácter principal, a la reposición en la situación de alta en la citada póliza con entrega de la carta de compromiso del pago del complemento, o subsidiariamente a la movilización a otro contrato de seguro del derecho consolidado (...)».*

Como hemos tratado en otros supuestos analizados, la firma de un finiquito no cierra de forma automática todas las reclamaciones posibles sobre mejoras voluntarias de la Seguridad Social. Hace falta analizar:

- Lo que dice exactamente el finiquito (si menciona esas prestaciones o no).

- Lo que prevé el reglamento del plan/seguro o normativa interna respecto de:

  » Despido disciplinario.

  » Despido objetivo o colectivo.

  » Despido improcedente reconocido.

  » Bajas voluntarias, etc.

Desde el punto de vista práctico la firma del finiquito, por sí sola y en abstracto, no impide necesariamente que el trabajador reclame después derechos derivados de compromisos por pensiones, si estos no han sido adecuadamente objeto de renuncia clara y específica y si el reglamento del plan le reconoce algún derecho consolidado o de movilización.

A modo de ej.:

- **STSJ de Madrid, rec. 606/2017, de 26 de diciembre de 2018, ECLI:ES:TSJM:2018:13570.** En la sentencia se reconoce valor liberatorio porque el finiquito específicamente incluye la «total liquidación de los compromisos en materia laboral y de complementos de pensiones de la Seguridad Social».

- **STSJ de Andalucía, rec. 1863/2008, 28 de mayo de 2009, ECLI:ES:TSJAND:2009:4649.** En la sentencia no se reconoce valor liberatorio porque el finiquito se refería solo a cantidades ligadas a la extinción del contrato; no mencionaba la ayuda por jubilación.

Lo razonable en estos casos es que empresa y trabajador pacten expresamente el mantenimiento de ciertas mejoras en el acta de conciliación para evitar litigios futuros.

CUESTIÓN

A la hora de afrontar el finiquito, ¿cómo podría haber cerrado con seguridad este frente litigioso la empresa?

Para que la empresa hubiera cerrado con seguridad este frente litigioso, debería haber incluido en el acuerdo una cláusula semejante a:

«Con la cantidad X € que se abona en este acto, quedan totalmente liquidados y extinguidos los derechos del trabajador derivados del Reglamento de mejora de pensiones/jubilación y de la póliza de seguro colectivo núm. XXX, renunciando expresamente el trabajador a cualquier complemento de pensión de jubilación presente o futuro».

Al no haberse hecho de manera específica, el margen para la reclamación del trabajador permanece abierto.

11.6. Validez del finiquito en caso de posterior revisión salarial con efectos retroactivos

Según la doctrina y la jurisprudencia, la firma de un finiquito con una cláusula amplia de renuncia no supone, por sí sola, que el trabajador quede privado de reclamar cantidades que nazcan después por una revisión salarial con efectos retroactivos.

Si la revisión salarial se publica después de la extinción y genera nuevas diferencias salariales, el finiquito no las borra automáticamente, salvo que se demuestre que las partes, de forma consciente y específica, quisieron también liquidar ese derecho futuro y perfectamente identificado.

La jurisprudencia (recogida, entre otras, en la STS, rec. 1954/2007 de 11 de junio de 2008, ECLI:ES:TS:2008:4508) subraya que el finiquito es un contrato y, como tal, se interpreta conforme a las reglas del Código Civil. No basta una fórmula genérica del tipo «nada más que reclamar»: hay que analizar qué quisieron realmente extinguir y liquidar las partes y qué deudas existían de forma cierta y determinada al tiempo de la firma.

Por eso, el Tribunal Supremo ha negado eficacia liberatoria del finiquito respecto de:

- Cantidades derivadas de modificaciones posteriores del convenio colectivo con efectos retroactivos, aprobadas con posterioridad a la extinción, y
- Créditos que no existían o no estaban concretados cuando se firmó el finiquito.

La razón es clara: en el momento de la firma ese derecho aún no formaba parte del patrimonio del trabajador, ni era una deuda cierta y determinada de la empresa; las partes no pueden considerar que liquidaron algo que no estaba jurídicamente definido.

Aplicado al caso: si el trabajador firma el finiquito y, después, se publica una revisión salarial con efectos sobre periodos ya trabajados, conserva el derecho a reclamar los atrasos que se generan, porque la renuncia genérica del finiquito no alcanza a créditos que nacen con posterioridad, aunque se proyecten sobre tiempo ya trabajado.

Solo de forma excepcional podría sostenerse lo contrario, por ejemplo, si:

- En el momento de la firma la revisión ya estaba aprobada o el derecho perfectamente determinado.
- El finiquito menciona expresamente que quedan también liquidadas «las diferencias salariales derivadas de la revisión X», con identificación clara de ese concepto.

Sin esa concreción, la doctrina protege al trabajador frente a renuncias genéricas sobre derechos futuros o inciertos.

En conclusión:

- El trabajador **sí tiene derecho a reclamar los atrasos generados** por una revisión salarial retroactiva aprobada tras el finiquito, salvo que se pruebe que ese derecho ya estaba definido y expresamente incluido en el finiquito.
- Para que el finiquito tenga efecto liberatorio sobre esa concreta deuda, es preciso que:
  » El concepto aparece claramente comprendido en el texto.
  » El derecho no sea sobrevenido o indeterminado al tiempo de la firma.

CUESTIÓN

Para que el finiquito tenga verdadero efecto liberatorio respecto de una concreta deuda (por ejemplo, diferencias salariales originadas por una revisión retroactiva de tablas), ¿es imprescindible que ese concepto figure clara y específicamente comprendido en el propio finiquito?

Sí. Para que el finiquito tenga efecto liberatorio sobre una concreta deuda (por ejemplo, diferencias salariales por revisión retroactiva de tablas) es necesario, en términos doctrinales y jurisprudenciales, que concurran al menos estos requisitos:

a) **Claridad en el concepto:**

» Que el concepto figure de forma clara en el finiquito, ya sea por su descripción ("diferencias salariales por revisión del convenio de fecha...") y/o porque el importe global permita deducir razonablemente que incluye esas cantidades.

» No es suficiente una renuncia genérica del tipo "quedando saldadas todas las cuentas entre las partes" si nada se dice ni se cuantifica sobre esas diferencias.

a) **Existencia actual del derecho:**

» Que no se trate de un derecho que nazca o se defina después de la firma (como ocurre con muchas revisiones salariales aprobadas con posterioridad, aunque tengan efectos retroactivos).

» El crédito debe ser, en el momento del finiquito, cierto, exigible y determinado o, al menos, determinable.

La STSJ de Madrid n.º 749/2009, de 16 de octubre de 2009, ECLI:ES:TSJM:2009:11912, ilustra bien esta lógica: reconoce valor liberatorio al finiquito respecto de determinadas reclamaciones (diferencias de categoría, vacaciones), pero no extiende ese valor a las horas extraordinarias que el trabajador había realizado y que no se mencionaban con claridad en el documento. Estando probadas esas horas y al no figurar liquidadas de forma específica, el saldo y finiquito no impide su reclamación y se condena a su pago.

11.7. Embargo del finiquito de la persona trabajadora

Las cantidades percibidas en concepto de prorrateo de pagas extraordinarias y vacaciones no disfrutadas incluidas en el finiquito tienen la consideración de salario. Por tanto, para su embargo se aplicarán los límites y porcentajes previstos en el artículo 607 de la Ley de Enjuiciamiento Civil (LEC), que regula el embargo de sueldos y pensiones. Por otro lado, como hemos tratado, las indemnizaciones por despido no están sujetas a los límites de embargabilidad establecidos para los salarios y pueden ser embargadas sin restricciones.

De esta forma, los límites de embargabilidad del artículo 82.1 del Real Decreto 939/2005, de 29 de julio (RGR) en relación con el artículo 607.1 de la LEC se aplicarían exclusivamente a las percepciones que tuvieran la consideración de salario de acuerdo con lo preceptuado en los apartados 1 y 2 del artículo 26 del Estatuto de los Trabajadores, condición que no se aplica a la indemnización por extinción del contrato laboral.

Esta interpretación es conforme a la doctrina de la Dirección General de Tributos manifestada en las consultas vinculantes con número de referencia V1730-10, de 27 de julio, V2803-11, de 28 de noviembre, V0765-19, de 9 de abril y V3255-20 de 30 de octubre de 2020. (Cómo hacer el embargo de una nómina al trabajador. Paso a paso. Colex. Año 2025).

11.8. Firma del finiquito y posterior reclamación de la improcedencia del despido o diferencias en la de indemnización

La firma del finiquito no impide al trabajador ejercer acciones por despido improcedente ni reclamar diferencias en la indemnización, **siempre que no se cumplan los requisitos para que el finiquito tenga valor liberatorio.** Según la jurisprudencia, el finiquito solo tendrá efecto liberatorio si refleja claramente la voluntad inequívoca del trabajador de extinguir la relación laboral y renunciar a cualquier reclamación ulterior, sin vicios en la formación de dicha voluntad. Además, **el trabajador puede acumular la acción de despido con la reclamación de cantidades adeudadas**, conforme al artículo 49.2 del Estatuto de los Trabajadores

En casos donde el finiquito no cumple con los requisitos mencionados, como la falta de claridad en los términos o la ausencia de una renuncia expresa, el trabajador puede impugnar el despido y reclamar las cantidades correspondientes. Debemos tener presente que, en caso de reclamación salarial por parte del trabajador, la validez y el alcance del finiquito se analizan por la sección de lo social del tribunal de instancia caso por caso, a la luz de la voluntad real, el contexto, la existencia de controversia y el respeto a los derechos indisponibles.

La firma de los documentos de saldo y finiquito no impide:

- a) Impugnar el despido como improcedente.
- b) Reclamar la diferencia de indemnización hasta la cuantía legal.

> **A TENER EN CUENTA.** Con carácter general la doctrina y jurisprudencia establecen que la firma del finiquito no implica necesariamente conformidad con el despido ni renuncia a derechos, especialmente si el trabajador expresa su disconformidad al firmar o si el documento no cumple con los requisitos legales y contractuales. (SJS - Palma de Mallorca, rec. 707/2017, de 1 de febrero de 2019, ECLI:ES:JSO:2019:1196, y SJS - Oviedo, rec. 791/2021, de 22 de diciembre de 2021, ECLI:ES:JSO:2021:8232).

JURISPRUDENCIA

STS, rec. 1067/2008, de 21 de Julio de 2009, ECLI:ES:TS:2009:5363

El finiquito suscrito no tiene eficacia extintiva ni liberatoria plena por las siguientes razones:

- a) **La extinción la decide unilateralmente la empresa.** No hay dimisión del trabajador ni mutuo acuerdo real sobre la extinción:
  - » La empresa comunica un despido disciplinario.

» Acompaña esa decisión con documentos de finiquito y reconocimiento de improcedencia.

» El trabajador no "elige" la extinción, la sufre. Solo firma documentos que la empresa presenta tras el cese.

b) **Se trata de un documento predispuesto, no de una verdadera transacción.** El finiquito es un impreso normalizado elaborado por la empresa, sin negociación ni intervención de representantes de los trabajadores. Esto encaja más con una adhesión a condiciones impuestas que con un acuerdo transaccional real para cerrar una controversia concreta.

c) **Hay renuncia parcial a un derecho legalmente indisponible.** La indemnización abonada (25.000 €) es muy inferior a la que legalmente corresponde (55.741,21 €).Esa reducción drástica no surge de una negociación sobre un conflicto dudoso, sino de pagar menos de lo que marca la ley, lo que supone una renuncia parcial al derecho a la indemnización en su cuantía legal mínima. Dicha renuncia es contraria al art. 3.5 ET y no puede validarse a través de un finiquito.

d) **No cumple una auténtica función transaccional.** Para que un finiquito actúe como transacción (art. 1809 CC) es necesario que exista una controversia concreta y que el acuerdo la resuelva.

En este caso, la empresa reconoce desde el principio la improcedencia y fija unilateralmente una indemnización inferior, sin delimitar ni justificar la discrepancia. No se está transigiendo sobre una duda real, sino imponiendo una cantidad menor.

e) **Contexto personal del trabajador y complejidad del salario**

» Dionisio padece un trastorno de ansiedad generalizada, conocido por la empresa. Ello condiciona su capacidad para valorar con calma el alcance de lo que firma justo en el momento del despido.

» Su salario es complejo (fijo + variable + bonus), lo que hace razonable que no pudiera calcular con exactitud en el acto la cuantía correcta y solo más tarde advirtiera la diferencia.

» Reaccionó con rapidez mediante burofax, lo que refuerza la idea de que no hubo voluntad de renunciar, sino error y precipitación en la aceptación.

11.9. Responsabilidad solidaria respecto a las cantidades abonadas en el finiquito en caso subrogación

La responsabilidad solidaria respecto a las cantidades abonadas en el finiquito en caso de sucesión o subrogación de empresa está regulada principalmente por el artículo 44 del Estatuto de los Trabajadores (ET). Este artículo establece que, en los supuestos de cambio de titularidad de una empresa, el nuevo empresario queda subrogado en los derechos y obligaciones laborales y de Seguridad Social del anterior. Además, se establece una responsabilidad solidaria entre el cedente y el cesionario durante tres años respecto a las obligaciones laborales nacidas con anterioridad a la transmisión y que no hubieran sido satisfechas.

En este contexto, las cantidades abonadas en el finiquito, que corresponden a obligaciones laborales derivadas de la relación laboral previa, están incluidas en esta responsabilidad solidaria. Esto significa que tanto el empresario cedente como el cesionario responderán conjuntamente por dichas cantidades durante el plazo de tres años desde la transmisión empresarial. Este plazo prevalece sobre el general de prescripción de un año establecido en el artículo 59.1 del ET.

Cabe destacar que, en caso de que la cesión empresarial se haya realizado en fraude de ley o se declare como delito, la responsabilidad solidaria puede extenderse también a las obligaciones nacidas con posterioridad a la transmisión.

11.10. Finiquito en el caso de trabajadores fijos-discontinuos

Los contratos fijos-discontinuos, contemplados en el art. 15 del Estatuto de los Trabajadores (ET), aunque son indefinidos tienen una duración periódico-temporal que conlleva su finalización cuando termina la temporada, la actividad cíclica o discontinua que los motiva, sin perjuicio de que el trabajador deba ser llamado y contratado cuando se reinicie esa actividad cíclica. Conviene precisar que, cuando el cese se produce por un fin de temporada regular y lícito, conforme al régimen propio del contrato fijo-discontinuo y respetando la normativa aplicable (llamamientos, orden de antigüedad, convenio colectivo, etc.), no estamos ante un despido sancionable, sino ante la interrupción ordinaria de la prestación de servicios propia de la naturaleza estacional del contrato, sin derecho a la indemnización típica de despido.

La indemnización por despido solo procedería cuando el empresario realiza un acto que, jurídicamente, pueda calificarse como despido, por ejemplo:

- No efectuar el llamamiento en la siguiente temporada sin causa válida.
- Cesar al trabajador antes del fin de la campaña sin causa justificada.
- Vulnerar las reglas de antigüedad, igualdad, no discriminación o las previsiones del convenio colectivo sobre llamamientos o ceses.

En estos supuestos, el cese deja de ser una simple interrupción estacional y pasa a configurarse como un despido. Si dicho despido es declarado improcedente o nulo, resultarán de aplicación las consecuencias indemnizatorias y/o restitutorias propias del tipo de despido declarado (readmisión, salarios de tramitación en su caso, o indemnización según proceda).

La obligación de presentación al empleado de un documento de liquidación con el desglose de las cantidades devengadas y no abonadas se hace extensible a los trabajadores fijos-discontinuos con ocasión de la finalización de cada periodo de actividad.

Si no hay extinción de la relación la regla general es que las vacaciones deben disfrutarse en tiempo de descanso efectivo y no pueden sustituirse por pago en metálico. Esa prohibición se aplica también a los fijos discontinuos: **lo normal y jurídicamente correcto es que el fijo discontinuo disfrute sus vacaciones durante el periodo de llamamiento, antes de que acabe la campaña o la actividad de temporada.** (STSJ de Baleares n.º 366/2010, de 29 de septiembre de 2010, ECLI:ES:TSJBAL:2010:1238 y STSJ de Navarra n.º 238/2003, de 24 de julio de 2003, ECLI:ES:TSJNA:2003:1072). El pago en metálico sin disfrute solo tiene sentido cuando la relación o la actividad de temporada ya han finalizado y quedan días de vacaciones devengados que no ha sido posible disfrutar.

JURISPRUDENCIA

STS n.º 442/2025, de 20 de mayo del 2025, ECLI:ES:TS:2025:2396

Para calcular la indemnización de este trabajador fijo discontinuo por el cierre de la empresa:

1. Se suman todos los días de trabajo efectivo en todas las campañas prestadas a la empresa.

2. Se convierten en años de servicio (días/365).

3. Se aplica el módulo legal correspondiente:

   » 20 días/año (despido objetivo/colectivo por cierre bien tramitado), o

   » 33/45 días/año según la parte pre/post 12-02-2012 si el despido es calificado como improcedente (en los términos ya conocidos del art. 56 ET) , pero siempre sobre los servicios efectivamente prestados, no sobre la antigüedad «formal» ininterrumpida.

11.11. Finiquito en el caso de trabajadores en periodo de prueba

La extinción de la relación laboral durante el periodo de prueba genera el derecho del trabajador al finiquito, entendido como liquidación de todas las cantidades devengadas y no satisfechas hasta la fecha del cese, aunque no exista derecho a indemnización por despido.

En el finiquito por no superación del periodo de prueba deberán incluirse, en su caso:

• Salario de los días trabajados del mes en curso.

• Parte proporcional de pagas extraordinarias si no están prorrateadas.

• Vacaciones devengadas y no disfrutadas.

• Horas extraordinarias u otros conceptos retributivos pendientes (comisiones, pluses, etc.).

No procede el abono de indemnización por extinción del contrato, al no tratarse de despido ni de expiración de contrato temporal con derecho a la indemnización específica, salvo que el convenio colectivo o un pacto individual prevean expresamente alguna mejora indemnizatoria.

CUESTIÓN

¿Cómo debe comunicarse la no superación del periodo de prueba?

Respetando, además de lo que disponga el convenio colectivo, las siguientes reglas básicas:

- Notificación por escrito a la otra parte.
- No es necesario preaviso dentro del plazo pactado del periodo de prueba.
- No es obligatorio indicar los motivos de la no superación; no existe deber de motivar la carta, aunque la empresa deberá justificar la inexistencia de discriminación si se impugna el cese.
- No hay derecho a indemnización por despido; si se impugna y se declara improcedente o nulo, podrá generarse entonces la indemnización correspondiente al tipo de despido declarado.

11.12. Descuento en el finiquito del incumplimiento del plazo de preaviso en caso de baja voluntaria

Para determinar si procede el descuento por falta de preaviso, es necesario analizar el convenio colectivo aplicable, el contrato individual de trabajo y, en su defecto, la costumbre del lugar. En ausencia de regulación específica, no sería posible realizar el descuento.

La **STSJ de Madrid, rec. 464/2024, de 20 de noviembre de 2024, ECLI:ES:TSJM:2024:14280**, analiza el posible descuento en la liquidación del trabajador por incumplimiento del plazo de preaviso en caso de baja voluntaria. Según el TSJ, para que la empresa pueda efectuar el descuento correspondiente en la liquidación es preciso que le haya informado por escrito de los plazos y de sus consecuencias. Imagen de un chico firmando unos papeles

El caso se origina en una reclamación presentada por un empleado, quien, tras comunicar su baja voluntaria con un mes de antelación, tuvo un descuento en su liquidación de 3.214,28 euros debido al incumplimiento del plazo de preaviso establecido en el convenio colectivo correspondiente al que se acogía. En este caso, se exigía un preaviso de dos meses para los trabajadores del grupo profesional VII, cuando el actor solo preavisó con un mes.

El tribunal ha determinado que para que una empresa pueda proceder al descuento en la liquidación del trabajador por el incumplimiento de dicho preaviso, es indispensable que el empleado haya sido informado por escrito sobre los plazos y consecuencias de no cumplir con esta obligación. En el presente caso, el tribunal concluyó que la empresa no cumplió con esta obligación de información, lo que resultó en la revocación de la sentencia anterior que había respaldado el descuento.

Los antecedentes de hecho son fundamentales para entender la resolución. El demandante, Pablo Jesús, comenzó su relación laboral en 2014 como

Export Area Manager y, tras notificar por correo electrónico a su empresa su intención de cesar en sus funciones, recibió un recordatorio sobre la necesidad de notificar con dos meses de antelación. No obstante, esta notificación no advirtió sobre las consecuencias económicas del incumplimiento, lo que el tribunal considera clave para la decisión de este caso.

En el fallo, del TSJM subraya que la ausencia de información clara y precisa por parte de la empresa sobre los plazos de preaviso y las consecuencias del incumplimiento dejó al trabajador en una desventaja significativa [*«(...) el contrato de trabajo no contenía esa información y tampoco con posterioridad a su firma se informó de nada al trabajador»*].

La sentencia obliga a la empresa a la devolución de la cantidad descontada, así como los intereses correspondientes. Esta decisión se fundamenta en la interpretación del artículo 8 del Estatuto de los Trabajadores —en redacción dada por el RD 1659/1998— y el art 2.1g) de la Directiva 533/1991, alegando que dicho precepto impone a la empresa la obligación de informar al trabajador de los elementos sustanciales del contrato de trabajo entre los que se establece los plazos de preaviso de la extinción del contrato por baja voluntaria y las consecuencias derivadas del mismo o de su incumplimiento.

11.13. Posibilidad de pagar el finiquito por adelantado y de forma fraccionada en nómina

Jurídicamente no se contempla la posibilidad de pagar el finiquito por adelantado y de forma fraccionada en nómina con la pretensión de que luego se descuente.

Con carácter general, el finiquito debe ponerse a disposición del trabajador el mismo día en que se le entrega la carta de despido. Si se desea pactar un pago aplazado del finiquito, lo recomendable es hacerlo una vez extinguida la relación laboral y formalizarlo ante el SMAC, detallando claramente las cuantías y los plazos de pago.

El adelanto fraccionado del finiquito durante la vigencia del contrato no está previsto en la normativa laboral y presenta importantes riesgos:

- Las cantidades abonadas mensualmente podrían considerarse salario ordinario. En una eventual reclamación judicial al finalizar el contrato, la empresa podría verse obligada a volver a pagarlas, integradas en el salario, como si se tratase de retribución normal.

- Las vacaciones solo pueden abonarse al finalizar la relación laboral, en caso de no disfrute. Su pago anticipado durante la vigencia del contrato es contrario a derecho.

- La normativa sobre despido objetivo exige que la indemnización se ponga a disposición del trabajador de forma simultánea a la comunicación de la extinción. Solo de manera excepcional y restrictiva cabe diferir ese pago hasta la fecha efectiva del despido por causas económicas, cuando exista imposibilidad real de poner la indemnización a disposición en ese momento, y siempre que así se haga constar en la carta de despido [arts. 52.c) y 53 del ET].

- Las cantidades adelantadas en nómina deben cotizar y tributar, al no poder calificarse como indemnización exenta mientras no se produzca la extinción.

- El valor liberatorio del finiquito firmado en estas condiciones sería muy discutible. El trabajador conservará la posibilidad de reclamar las cantidades pendientes durante el año siguiente a la extinción del contrato (art. 59.1 del ET) .

En consecuencia, no resulta aconsejable ni jurídicamente seguro articular el pago del finiquito mediante abonos fraccionados en nómina durante la vigencia del contrato. Es preferible liquidar y, en su caso, pactar el fraccionamiento del pago una vez producida la extinción y con las debidas garantías formales.

11.14. Finiquito en caso de trabajador puesto a disposición por parte de una empresa de trabajo temporal

El contrato de puesta a disposición es el celebrado entre una empresa de trabajo temporal y la empresa usuaria, teniendo por objeto la cesión del trabajador para prestar servicios en la empresa usuaria, a cuyo poder de dirección quedará sometido aquél (Ley 14/1994, de 1 de junio). El finiquito del trabajador puesto a disposición por una ETT se construye jurídicamente sobre **tres pilares:** la responsabilidad principal de la ETT, la equiparación retributiva con el personal de la empresa usuaria y el cómputo correcto de la antigüedad y del tiempo efectivamente trabajado. Entender bien estos elementos permite valorar si el finiquito entregado es correcto o si existen cantidades pendientes de reclamar.

La primera clave es identificar correctamente al empleador. Aunque el trabajo se realiza físicamente en la empresa usuaria, **el trabajador es realmente empleado de la ETT**. Eso significa que el finiquito –salarios pendientes, partes proporcionales de pagas extraordinarias, vacaciones no disfrutadas e indemnización de fin de contrato– debe abonarlo la ETT. **La empresa usuaria no confecciona el finiquito,** pero responde de forma subsidiaria de los salarios y cotizaciones generados durante el tiempo en que el trabajador estuvo a su disposición, en caso de que la ETT incumpla.

En segundo lugar, hay que precisar qué conceptos integra el finiquito en este contexto. Al finalizar el contrato de duración determinada concertado por la ETT, el trabajador tiene derecho a cobrar, por un lado, todo el salario devengado y no pagado, incluidas las partes proporcionales de pagas extraordinarias y vacaciones, calculadas según la retribución correspondiente al puesto desempeñado en la empresa usuaria. Por otro lado, tiene derecho a la indemnización legal de finalización de contrato temporal, que con carácter general equivale a 12 días de salario por año trabajado (salvo mejora convencional). Cada contrato de puesta a disposición que termina genera su propia indemnización.

La remuneración de referencia no es la que libremente fije la ETT, sino la que establece el convenio colectivo aplicable en la empresa usuaria para un trabajador que ocupara ese mismo puesto. Es decir, durante la cesión la ETT está obligada a respetar, como mínimo, el salario base y todos los complementos salariales vinculados al puesto de trabajo previstos en el convenio de la usuaria (pluses de puesto, nocturnidad, turnicidad, y también complementos de antigüedad si el trabajador alcanza el tiempo exigido). Esta equiparación retributiva, de la que se hace eco la sentencia del TSJ de Cataluña que has aportado, es fundamental porque condiciona la cuantía del finiquito: a partir de esa estructura salarial se calculan las pagas extras, las vacaciones y la propia indemnización.

Una tercera cuestión esencial es el **tratamiento de la antigüedad.** La jurisprudencia ha venido reconociendo que el tiempo trabajado a través de una ETT en una misma empresa usuaria, en el mismo puesto, puede computarse después para fijar la antigüedad cuando la propia usuaria contrata directamente al trabajador (por ejemplo, STS, rec. 3632/2007, de 11/5/2009, ECLI:ES:TS:2009:4389, STS, rec. 1176/2007, de 17 de enero de 2008, ECLI:ES:TS:2008:98 y STS, rec. 175/2004, de 8 de marzo 2007, ECLI:ES:TS:2007:3871).

Ahora bien, la doctrina distingue entre la fijación de la fecha de antigüedad y el tiempo efectivamente trabajado que sirve de base para determinados pluses. Para el complemento de antigüedad, el criterio general es que se computan solo los períodos realmente trabajados, no los huecos entre contratos, porque lo que se remunera es la permanencia efectiva y la experiencia adquirida. En la práctica, aun descontando los días sin alta entre contratos, si la suma de tiempo de servicios supera el umbral de tres, cinco o más años fijado en el convenio, el trabajador tendrá derecho a ese complemento, que debe integrarse en su retribución ordinaria y, por tanto, se proyecta sobre pagas extras, vacaciones y, de forma indirecta, sobre el finiquito.

Por último, hay que recordar la **posición de la empresa usuaria en este entramado.** Aunque no sea quien firma el finiquito, sí asume una responsabilidad subsidiaria respecto de las deudas salariales y de Seguridad Social generadas durante la cesión. Si la ETT no paga lo debido, el trabajador puede dirigir su reclamación contra ambas. Además, la empresa usuaria está obligada a informar correctamente a la ETT de las condiciones salariales aplicables para que el trabajador cedido perciba lo que le corresponde. Cualquier intento de introducir criterios unilaterales para limitar derechos, como el plus de antigüedad, sin amparo en el convenio o en la negociación colectiva, está siendo rechazado por los tribunales, tal como muestra la resolución que has facilitado.

11.15. Pactos de no competencia o confidencialidad y su relación con el finiquito

Los pactos de no competencia y confidencialidad tienen una relación directa con el finiquito en el contexto de la extinción de la relación laboral, ya que pueden ser incluidos como cláusulas adicionales en el acuerdo de finiquito o negociados de manera independiente en el momento de la extinción del contrato.

|| a) Pacto de no competencia postcontractual

El pacto de no competencia postcontractual está regulado en el artículo 21.2 del ET y establece que, tras la extinción del contrato de trabajo, el trabajador se compromete a no realizar actividades que compitan con las de su antigua empresa. Para que este pacto sea válido, deben cumplirse los siguientes requisitos:

- **Interés industrial o comercial efectivo:** la empresa debe justificar que existe un interés legítimo en evitar la competencia del trabajador.
- **Compensación económica adecuada:** el trabajador debe recibir una compensación proporcional al sacrificio que supone la limitación de su derecho al trabajo.

> **A TENER EN CUENTA.** La jurisprudencia ha declarado nulos pactos en los que la compensación es insuficiente (STS n.° 3769/2018, de 18 de octubre de 2021, ECLI:ES:TS:2021:3815).

El pacto de no competencia puede formalizarse en varios momentos, incluyendo la entrega del borrador del finiquito o en el acto de conciliación tras el despido. Si se incluye en el finiquito, este documento puede reflejar la compensación económica pactada y las condiciones del acuerdo.

Con carácter general, si el finiquito o el acuerdo extintivo no menciona de forma expresa el pacto de no competencia (o una renuncia general a cualquier reclamación futura), no se le puede atribuir valor liberatorio respecto de la indemnización por ese pacto.

Para que la empresa pueda oponer el finiquito como defensa frente a una reclamación por no competencia postcontractual, debe (STS n.° 620/2022, de 6 de julio de, ECLI: ES:TS:2022:2810):

- Expresamente ese pacto y su compensación.
- Incluir una cláusula de alcance general e inequívoco de renuncia («no tengo nada más que pedir ni reclamar por ningún concepto»), que en este caso no existía.

|| b) Pacto de confidencialidad

El pacto de confidencialidad busca garantizar que el trabajador no divulgue información reservada de la empresa, como datos técnicos, comerciales o estratégicos, tanto durante la relación laboral como después de su finalización. Aunque no está regulado específicamente en el Estatuto de los Trabajadores, se fundamenta en el principio de buena fe contractual y puede incluirse como cláusula en el contrato de trabajo o en el finiquito. Este pacto puede tener una vigencia indefinida, incluso tras la extinción del contrato, salvo que se establezcan límites temporales específicos en el acuerdo.

El finiquito puede incluir cláusulas relacionadas con el pacto de confidencialidad, estableciendo las condiciones de su cumplimiento y las consecuencias de su incumplimiento. En este sentido, el finiquito puede actuar como un documento que formaliza la aceptación del trabajador de las obligaciones derivadas del pacto de confidencialidad, así como de otras cláusulas acordadas entre las partes. Sin embargo, como en el caso anterior, el valor liberatorio del finiquito respecto al pacto de confidencialidad dependerá de la redacción específica del documento y de si se excluyen expresamente las obligaciones derivadas de dicho pacto.

En conclusión, **los pactos de no competencia y confidencialidad pueden integrarse en el finiquito como parte de la extinción de la relación laboral, siempre que cumplan los requisitos legales y se negocien de manera adecuada. Su validez y eficacia dependen de la compensación económica pactada y del interés legítimo de la empresa en proteger su actividad.**

11.16. El finiquito en el sector de la construcción

En el sector de la construcción los convenios colectivos (general y provinciales) suelen establecer un régimen específico de finiquito, con peculiaridades bastante homogéneas. A falta de analizar un convenio concreto (provincia o convenio general estatal), las notas comunes que se repiten en los artículos de finiquitos de los convenios de construcción son:

‖ a) Uso obligatorio de un modelo oficial de finiquito

El finiquito debe ajustarse a un modelo normalizado editado por la Confederación Nacional de la Construcción (CNC) y que figura como anexo del propio convenio (ej.: Anexo III, V, VIII, XVII, según el convenio).

El convenio suele indicar expresamente que solo ese modelo surte «plenos efectos liberatorios» (art. 99.1 del CCGSC).

> **CUESTIÓN**
>
> **¿Qué riesgos comete la empresa si no utiliza el modelo oficial de finiquito establecido por el convenio?**
>
> No usar el modelo oficial supone renunciar a las garantías prediseñadas en el convenio del sector, entre ellas:
>
> – El control de la asociación patronal (expedición, numeración, registro).

– La referencia expresa en el convenio a sus efectos liberatorios y a su régimen de validez.

Menor fuerza probatoria frente a reclamaciones de cantidades.

Posible incumplimiento del propio convenio sectorial.

Menor transparencia y mayor litigiosidad. El modelo oficial está pensado para ser claro, homogéneo y conocido en el sector, lo que facilita la comprensión por parte de trabajadores y representantes y reduce la litigiosidad al proporcionar un estándar aceptado.

Desprotección formal en caso de asistencia sindical o de representantes.

|| b) Expedición y control por la patronal del sector

El recibo de finiquito no lo emite libremente la empresa, sino que debe ser expedido por la organización patronal del sector en la provincia (por ejemplo, Asociación de Empresas de la Construcción de Madrid, asociaciones provinciales de constructores, etc.), que:

- La numera, sella y fecha.
- Lleva un registro de los finiquitos emitidos.

|| c) Plazo de validez muy corto

Ese finiquito oficial solo es válido durante 15 días naturales desde su expedición por la patronal. Si se firma fuera de ese plazo, el efecto liberatorio podría cuestionarse.

|| d) Obligación de entregar propuesta de finiquito con el cese

- Toda comunicación de cese o de preaviso debe ir acompañada de una propuesta de finiquito utilizando también el modelo oficial.
- Cuando se usa como "propuesta", no es necesario rellenar la parte de firma de la persona trabajadora (la parte posterior a fecha y lugar) (art. 99.2 del CCGSC).

|| e) Derechos económicos del convenio

En el sector de la construcción el finiquito suele incluir importes derivados de varias particularidades de este convenio:

- Pagas extraordinarias no prorrateables (art. 60 y 61.1 del CCGSC).
- En nuevos contratos está prohibido el prorrateo y el "salario global".
- En el finiquito se abona la parte proporcional de las pagas de junio y Navidad (art. 61.2 del CCGSC).

|| f) Vacaciones no disfrutadas (art. 76.3 del CCGSC).

«El personal que cese durante el transcurso del año, tendrá derecho al abono del salario correspondiente a la parte de vacaciones devengadas y no disfrutadas».

g) Complementos, pluses e indemnizaciones específicas del sector:

- Indemnizaciones por muerte/ITP/IPT por accidente de trabajo o enfermedad profesional (art. 69 del CCGSC).
- Plus de trabajos penosos/tóxicos/peligrosos, plus de nocturnidad, etc., si están vigentes hasta el cese.
- Indemnizaciones especiales ligadas a ciertos contratos del convenio (fijo-discontinuo, contratos formativos, contrato indefinido adscrito a obra, etc.), que pueden reflejarse o no en el mismo documento, pero forman parte de la liquidación final.

h) Efecto liberatorio condicionado

- Una vez firmado por la persona trabajadora dentro del plazo de 15 días y con el modelo correcto, el finiquito tiene efectos liberatorios plenos sobre las cantidades y conceptos reflejados.
- Sin embargo, determinados convenios aclaran que ciertos derechos posteriores (por ejemplo, atrasos derivados de revisiones salariales con retroactividad) pueden seguir reclamándose aun habiendo firmado el finiquito.

i) Particularidad en ceses por voluntad del trabajador

Varios convenios excluyen, cuando el cese es voluntario del trabajador, la aplicación de:

- La obligación de acompañar preaviso con propuesta de finiquito.
- La exigencia de expedición numerada y sellada por la patronal.

j) Derecho a asistencia en la firma

El trabajador puede estar asistido por un representante de los trabajadores o un representante sindical de los sindicatos firmantes del convenio en el momento de la firma del finiquito (art. 99.6 y Anexo III del CCSC).

k) Remisión al Anexo: sin anexo no se pueden concretar partidas

- Las tablas y el propio modelo de finiquito (campos, partidas detalladas, etc.) se contienen en el Anexo específico del convenio (Anexo III, V, VIII, XVII, etc.).
- Sin ese anexo no es posible detallar el formato ni las partidas concretas más allá de lo previsto de forma general (salarios, vacaciones, pagas extra, partes proporcionales, etc.).

ANEXO I.
CASOS PRÁCTICOS

Caso práctico | Cálculo de las bases de cotización a la seguridad social para el finiquito

PLANTEAMIENTO

Trabajador con categoría de auxiliar administrativo (grupo de cotización 7) y con contrato de trabajo suscrito el 25 de julio de 2.025 cuya vigencia se extiende hasta el 24 de enero de 2.026.

Mensualmente tiene la siguiente remuneración:

Salario	1.500 euros.
Plus de Convenio	180 euros.
Dos pagas extraordinarias con carácter anual	Importe del salario.

A la extinción del contrato de trabajo percibe las cantidades adeudadas por vacaciones no disfrutadas.

El trabajador percibe el importe correspondiente a las vacaciones no disfrutadas durante la vigencia de este.

- 1. Cálculo de la base de cotización para contingencias comunes.

- 2. Cálculo de la base de cotización para contingencias profesionales.

- 3. Cálculo de las vacaciones anuales devengadas y no disfrutadas y retribuidas a la finalización de la relación laboral.

RESPUESTA

La base de cotización del mes de extinción (24 días trabajados) es de 1.544 euros, válida tanto para contingencias comunes como profesionales.

El trabajador tiene derecho a 15 días de vacaciones por los 6 meses de contrato, cuyo importe asciende a 965 euros y cotiza en una liquidación complementaria.

La liquidación complementaria por vacaciones se imputa a los días de duración de estas y se somete a los topes de cotización del mes o meses afectados (art. 147.1 LGSS).

1. Cálculo de la base de cotización para contingencias comunes.

a) Determinar el salario diario de cada concepto:

- Salario diario = 1.500 / 30 = 50 €/día.

- Plus de convenio diario = 180 / 30 = 6 euros/día.

- Paga extra diaria = (1.500 x 2 pagas / 12 meses) / 30 días

    (3.000 / 12) / 30 = 250 / 30 = 8,33 euros/día.

b) Multiplicar por los días en alta en el mes (24 días):

- Salario: 50 x 24 = 1.200 euros.

- Plus de convenio: 6 x 24 = 144 euros.
- Pagas extras: 8,33 x 24 = 200 euros.

Base CC mes extinción = 1.200 + 144 + 200 = 1.544 euros.

El importe se encuentra comprendido entre la base máxima (5.101,20 euros) y la base mínima correspondiente a su grupo de cotización 7 (1.381,20 euros) para el año 2026, que le corresponde en función de los días en alta en el período (24).

El tipo de cotización es del 28,30%, desglosado en:

- 23,60% a cargo de la empresa.
- 4,70% a cargo del trabajador.

2. Cálculo de la base de cotización para contingencias profesionales.

En este caso, al no existir horas extraordinarias, la base de cotización por contingencias profesionales coincide con la de contingencias comunes: 1.544 euros.

Base CP mes extinción = 1.200 + 144 + 200 = 1.544 euros.

Los porcentajes aplicables dependen de la tarifa de primas establecida en la D.A. 61.ª en la LGSS. Estas primas son a cargo exclusivo de la empresa

3. Cálculo de las vacaciones anuales devengadas y no disfrutadas y retribuidas a la finalización de la relación laboral.

Las percepciones correspondientes a las vacaciones devengadas y no disfrutadas y que se retribuyen a la finalización del contrato de trabajo, serán objeto de liquidación complementaria a la del mes de extinción del contrato (art. 147.1 de la LGSS). Esta liquidación complementaria comprenderá los días de duración de las vacaciones, sin prorrateo alguno y con aplicación, en su caso, del tope máximo de cotización correspondiente al mes o meses que resulten afectados.

Al tratarse de una contratación de 6 meses de duración el trabajador tiene derecho a un periodo vacacional de 15 días por lo que para su cálculo se necesita realizar la parte proporcional.

a) Determinar días de vacaciones generados

Duración del contrato: 6 meses. Esto genera derecho a 15 días de vacaciones (30 días/año x 6/12).

b) Calcular retribución de esos 15 días no disfrutados

- Salario: (1.500 x 15 / 30) = 750 euros.
- Plus de convenio: (180 x 15 / 30) = 90 euros.
- Pagas extras: [((1.500 x 2) / 12) / 30] x 15 = 125 euros.

Importe de la base de cotización que corresponde en concepto de vacaciones = 750 + 90 + 125 = 965 euros.

Los porcentajes aplicables serán los mismos que los indicados para contingencias comunes y profesionales, respetando los límites máximos de cotización establecidos.

Caso práctico | Cálculo del finiquito en caso de cese voluntario del trabajador

PLANTEAMIENTO

El trabajador «A» cesa voluntariamente en el trabajo el 4 de octubre de 2025 (ha trabajado por tanto en el año 2025 durante 274 días).

Sus retribuciones son:

Salario Base	850 euros.
Plus convenio	140 euros.
Antigüedad	120 euros.
Tiene derecho a dos pagas extraordinarias	970 euros.
El trabajador ha disfrutado durante 2025 de 7 días de vacaciones.	

1. El salario del mes en curso (octubre).

2. Vacaciones.

3. Pagas extraordinarias.

4. Total que el trabajador debería percibir en el finiquito.

RESPUESTA

Con la suscripción del finiquito el trabajador da por liquidados todos los derechos que pudieran pertenecerle, y declara extinguida su relación laboral con el empresario. Actuando, este documento, como recibo del pago realizado.

En el finiquito han de incluirse los conceptos de: salario del mes en el que cesa, parte proporcional de pagas extraordinarias y vacaciones no disfrutadas.

1. El salario del mes en curso (octubre)

El trabajador tiene derecho a la parte proporcional de su salario por los días efectivamente trabajados. Para lo cual partiremos del salario mensual para obtener el salario diario y multiplicar éste por los días trabajados.

El salario mensual estará constituido por la suma del salario base más los complementos salariales:

Salario Base + Antigüedad + Plus convenio = 850 + 120 + 140 = **1.110 euros / mes.**

El salario diario se calculará dividiendo el mensual entre 30.

1.110 / 30 = **37 euros / día.**

El trabajador en el mes de octubre trabajó únicamente 4 días por lo que el salario que le corresponde es el siguiente:

37 x 4 = **148 euros salario mes de la baja.**

2. Vacaciones

El trabajador deberá percibir una compensación económica por la parte de vacaciones que no hubiera disfrutado.

El periodo de vacaciones a que el trabajador tendrá derecho dependerá de los días trabajados ese año, calculándose conforme a una regla de tres:

Por 360 días (1 año) .... 30 días de vacaciones.

Por 274 días .... X días de vacaciones.

X = [(30 x 274) / 360] = 23 días de vacaciones.

Pero el trabajador ya ha disfrutado de 7 días, que deberán descontarse:

23 - 7 = 16 días le restan por disfrutar.

Para hallar la compensación económica multiplicaremos el número de días de vacaciones que no ha disfrutado por el salario diario:

16 días x 37 euros / día = **592 euros tiene derecho a percibir el trabajador por vacaciones.**

3. Pagas extraordinarias

El trabajador tendrá también derecho a las pagas extraordinarias que le corresponderían en el año 2025, calculándose en función del tiempo trabajado. Esto decir, cualquier trabajador, cese en el periodo que cese, habrá devengado parte de la paga extraordinaria de junio y de la de navidades.

Las pagas extras son por regla general dos, una devengada en navidad (01-01-2025) y otra devengada en verano (01-07-2025).

Para la determinación de su cuantía se divide cada una de las pagas entre 360: 970 / 360 = **2,69 euros / día.**

El resultado se multiplica por los días transcurridos desde que se devengaron las pagas hasta el día del cese:

* Desde el 01-01-2025 han transcurrido 274 días.

274 x 2,69 = **737 euros de la paga de navidad.**

* Desde el 01-07-2025 han transcurrido 94 días.

94 x 2,69 = **252,86 euros de la paga de verano.**

El trabajador tendrá derecho a percibir en concepto de pagas extras: 737 + 252,86 = **989,86 euros de pagas extraordinarias.**

4.- Total que el trabajador debería percibir en el finiquito

Salario octubre + vacaciones + pagas extras pendientes de percibir
148 euros + 592 euros + 989,86 = 1.729,86 euros total finiquito.

Caso práctico | Indemnización, desempleo y finiquito durante jornada reducida por guarda legal

PLANTEAMIENTO

Una trabajadora se reincorpora a su jornada habitual después de 12 años de reducción de jornada por guarda legal. Transcurridos dos meses tras la reincorporación a jornada completa, la empresa decide despedirla:

1. ¿Qué salario se tendría en cuenta para el cálculo del despido, el del mes anterior al despido a jornada completa o el de los últimos 12 meses teniendo en cuenta que tenía una reducción de jornada al 50%?

2. ¿Qué base de cotización se tiene en cuenta para el cálculo de la prestación por desempleo?

3. ¿Qué salario se tendría en cuenta para el cálculo del finiquito?

RESPUESTA

En caso de **reducción de jornada por guarda legal**:

- **Indemnización y desempleo**: se «blindan» contra la reducción de jornada por guarda legal: se calculan como si no hubiera reducción (mismo salario regulador / mismas bases).

- **Finiquito y salarios**: se pagan sobre lo realmente trabajado y devengado, esto es, con el salario reducido mientras dure la reducción de jornada.

1. ¿Qué salario se tendría en cuenta para el cálculo del despido, el del mes anterior al despido a jornada completa o el de los últimos 12 meses teniendo en cuenta que tenía una reducción de jornada al 50%?

El apdo. 6 del art. 37 del Estatuto de los Trabajadores y la D.A. 19.ª del mismo texto legal regulan los aspectos analizados sobre la guarda legal y su régimen indemnizatorio.

Quien por razones de guarda legal tenga a su cuidado directo algún menor de doce años o una persona con discapacidad que no desempeñe una actividad retribuida tendrá derecho a una reducción de la jornada de trabajo diaria, con la disminución proporcional del salario entre, al menos, un octavo y un máximo de la mitad de la duración de aquella. (STS de País Vasco, rec. 643/2025, de 6 de mayo de 2025, ECLI:ES:TSJPV:2025:1597).

El salario a tener en cuenta a efectos del cálculo de las indemnizaciones previstas en el Estatuto de los Trabajadores será el que hubiera correspondido al trabajador sin considerar la reducción de jornada efectuada, siempre y cuando no hubiera transcurrido el plazo máximo legalmente establecido para dicha reducción.

Así, en el supuesto planteado, el salario a tener en cuenta para el cálculo de la indemnización por despido será el salario íntegro que corresponde a la trabajadora por su jornada completa, vigente en el momento inmediatamente anterior al despido, por cuanto no ha transcurrido el plazo tras su reincorporación que limitaría este derecho.

A modo de ej. realizamos la **comparativa a efectos indemnizatorios con y sin reducción de jornada:**

- Tipo de despido: improcedente en contrato indefinido (33 días/año, tope 24 mensualidades).
- Antigüedad: 6 años completos.
- Salario bruto mensual a jornada completa (12 pagas): 2.000 euros.
- Jornada reducida al 50 %: salario bruto mensual 1.000 euros.

Cuantía de la indem. por despido sin reducción de jornada	Cuantía de la indem. por despido si se aplicara erróneamente el salario reducido (lo que NO procede jurídicamente en este caso por aplicación de la D.A. 19.ª del ET)	Situación con reducción del 50 % por guarda legal (cálculo = sin reducción de jornada)
Salario diario: 2.000 € / 30 días = 66,67 €/día (criterio habitual) Indemnización: 33 días/año × 6 años = 198 días. Importe: 198 días × 66,67 euros/día = **13.200 euros.**	Salario diario reducido al 50% de la jornada: 1.000 / 30 = 33,33 euros/día. 198 × 33,33 = **6.600 euros.**	Aunque la persona esté cobrando 1.000 €/mes, la D.A. 19.ª del ET ordena tomar su salario como si no hubiera reducción (al 100 %). • Salario diario: 2.000 € / 30 días = 66,67 €/día (criterio habitual) • Indemnización: 33 días/año × 6 años = 198 días. Importe: 198 días × 66,67 euros/día = **13.200 euros.**

A TENER EN CUENTA. La protección de la D.A. 19.ª del ET evita que la persona trabajadora pierda la mitad de la indemnización por estar en reducción de jornada por guarda legal.

2. ¿Qué base de cotización se tiene en cuenta para el cálculo de la prestación por desempleo?

El apdo. 6.1° del artículo 270 de la LGSS nos indica que en estos supuestos de reducción de jornada para el cálculo de la base reguladora de la prestación por desempleo las bases de cotización se computarán incrementadas hasta el 100 por ciento de la cuantía que hubiera correspondido si se hubiera mantenido, sin reducción, el trabajo a tiempo completo o parcial; y si la situación legal de desempleo acontece estando la persona trabajadora en situación de reducción de jornada por guarda legal, las cuantías máxima y mínima de la prestación "se determinarán teniendo en cuenta el indicador público de rentas de efectos múltiples en función de las horas trabajadas antes de la reducción de la jornada" (apdo. 6.2° del artículo 270 de la LGSS) .

De esta forma, para el cálculo de la prestación por desempleo tras la finalización de la reducción de jornada por guarda legal, se utilizará una base de cotización incrementada al 100% de lo que hubiera correspondido sin la reducción de jornada.

A modo de ej. realizamos la comparativa a efectos de prestación por desempleo con y sin reducción de jornada:

- Salario a jornada completa: 2.000 €/mes.
- Salario con reducción del 50 %: 1.000 €/mes.
- Base de cotización por contingencias profesionales [para simplificar, la igualamos al salario y supongamos que las bases de cotización por desempleo de los últimos 180 días (6 meses) han sido constantes]:

Completa: 2.000 €/mes.

Reducida: 1.000 €/mes (pero a efectos de desempleo se computará al 100 %, art. 270.6 LGSS).

- Base reguladora del desempleo: Promedio de las bases de cotización por desempleo de los últimos 180 días / 30.

Cuantía de la prestación por desempleo sin reducción de jornada	Cuantía de la prestación por desempleo si se aplicara erróneamente la base reducida (lo que NO procede jurídicamente en este caso por aplicación del art. 270.6 de la LGSS)	Situación con reducción del 50 % por guarda legal (cálculo = sin reducción de jornada)
6 meses × 2.000 € = 12.000 euros de base. BR diaria: 12.000 / 180 ≈ 66,67 euros/día. a) Primeros 180 días - 70 % × 66,67 euros / día = 46,67 euros/día. - Mensual (aprox., 30 días): 46,67 × 30 = 1.400 euros/mes. b) A partir del día 181 - 60 % × 66,67 €/día = 40 euros/día. - Mensual (aprox.): 40 × 30 = 1.200 euros/mes.	6 meses × 1.000 € = 6.000 euros de base. BR diaria: 6.000 / 180 ≈ 33,33 euros/día. a) Primeros 180 días - 70 % × 33,33 euros/día= 23,33 euros/día. - Mensual (aprox., 30 días): 23,33 × 30 = 699.93 euros/mes. b) A partir del día 181 - 60 % × 33,33 €/día = 19,80 euros/día. - Mensual (aprox.): 19,80 × 30 = 594 euros/mes.	Aunque la persona esté cobrando 1.000 €/mes, el art. 270.6 de la LGSS ordena tomar las bases como si no hubiera reducción (al 100 %). Luego, a efectos de desempleo: - Las bases a considerar se «reconstruyen» a 2.000 euros/mes. - 6 meses × 2.000 € = 12.000 € [BR diaria ≈ 66,67 €/día (igual que sin reducción)]. 6 meses × 2.000 € = 12.000 euros de base. BR diaria: 12.000 / 180 ≈ 66,67 euros/día. a) Primeros 180 días - 70 % × 66,67 euros /día = 46,67 euros/día. - Mensual (aprox., 30 días): 46,67 × 30 = 1.400 euros/mes. b) A partir del día 181 - 60 % × 66,67 €/día = 40 euros/día. - Mensual (aprox.): 40 × 30 = 1.200 euros/mes.

3. ¿Qué salario se tendría en cuenta para el cálculo del finiquito?

En el finiquito se paga lo realmente devengado hasta el cese:

- Salario del mes del despido.
- Parte proporcional de pagas extraordinarias.
- Vacaciones devengadas y no disfrutadas.
- Otras cantidades (horas extra, pluses, etc.), en su caso.

A TENER EN CUENTA. Para el cálculo del finiquito SÍ se tiene en cuenta el salario real en reducción de jornada.

A modo de ej.:

- Despido el 15 de junio.
- Trabajadora con jornada reducida al 50 % (salario: 1.000 €/mes, 12 pagas).
- Pagas extra prorrateadas (para simplificar el ejemplo 2).
- Vacaciones anuales: 30 días naturales.
- Vacaciones disfrutadas antes del 15 de junio: 5 días.
- No hay otros conceptos (sin pluses, horas extra, etc.)

a) Salario del mes del despido

Con reducción del 50 %:

- Salario diario (ya reducido): 1.000 / 30 = 33,33 €/día
- Días trabajados en junio: 15

Salario junio a percibir: 15 × 33,33 = **500 euros salario pendiente del mes en curso.**

A TENER EN CUENTA. Si estuviera a jornada completa serían 66,67 euros/día × 15 = 1.000 euros, pero esta comparación solo sirve de referencia: jurídicamente procede pagar según la jornada realmente prestada.

---

b) Parte proporcional de pagas extra

Ejemplo 1: pagas extra prorrateadas en las 12 nóminas

Estarían ya incluidas en el salario mensual (1.000 €/mes), de modo que no habría que añadir nada por este concepto en el finiquito (salvo días del mes en curso, ya incluidos en 500 €).

Ejemplo 2: 2 pagas extra no prorrateadas (verano y Navidad). Supongamos:

- Paga verano a jornada reducida: 1.000 €.
- Paga Navidad a jornada reducida: 1.000 €.

Devengo anual (de enero a diciembre, y de julio a junio, según convenio; tomamos el ejemplo más sencillo: ambas de enero a diciembre, 12 meses de devengo).

Para la parte proporcional hasta el 15 de junio (5,5 meses de año):

1. Devengo de cada paga: 1.000 €/año → 1.000/12 ≈ 83,33 €/mes.
2. De 1 de enero a 15 de junio: 5,5 meses → 5,5 × 83,33 ≈ 458,32 € por paga.

Total dos pagas: 458,32 × 2 = **916,64 euros en concepto de pagas extraordinarias.**

> **A TENER EN CUENTA.** En la práctica se aplicará el sistema de devengo concreto del convenio, pero siempre sobre salario reducido si la paga se abona en función de la jornada.

c) Vacaciones devengadas y no disfrutadas

- Vacaciones anuales: 30 días.
- Al 15 de junio han pasado 5,5 meses (~ 165 días naturales).
- Vacaciones devengadas: (30 días/año) × (5,5/12)=≈ 13,75 días.
- Vacaciones disfrutadas: 5 días.
- Días de vacaciones pendientes: 13,75 – 5 = 8,75 días

Valor del día de vacaciones a jornada reducida:

- Salario diario reducido: 33,33 €/día.

Importe de vacaciones pendientes: 9 × 33,33 = **300 euros
en concepto de vacaciones no disfrutadas.**

d) Total finiquito:

Tomando como referencia todos los conceptos calculados conforme al salario realmente reducido.

- Salario mes de junio (15 días): 500 €
- Parte proporcional pagas extra: 916,64 €
- Vacaciones no disfrutadas: 300 €

Total finiquito (orientativo): 500 + 916,64 + 300 = **1.716,64 euros.**

Caso práctico | Valor liberatorio del finiquito: horas extraordinarias

PLANTEAMIENTO

La empresa "Servicios Globales, S.A." extingue el contrato de trabajo de Pedro, empleado con antigüedad de 10 años y categoría de técnico, mediante despido objetivo.

En el momento del despido:

- Se le entrega carta de extinción por causas objetivas.
- Se le da un documento de liquidación y finiquito en el que:
- Se detallan salarios del último mes y partes proporcionales de pagas extras y vacaciones.
- No aparece ningún concepto relativo a horas extraordinarias.

Al final se incluye la cláusula:

> «Con el percibo de las cantidades detalladas, el trabajador declara hallarse totalmente saldado y finiquitado, renunciando a cualquier reclamación futura que pudiera derivarse de la relación laboral».

Pedro firma y cobra las cantidades consignadas.

Meses después, demanda a la empresa reclamando el abono de 2.500 euros en concepto de horas extraordinarias, aportando:

- Hojas de registro de jornada firmadas por la empresa.
- Correos electrónicos donde su superior le ordena prolongar la jornada.
- Informes de producción que acreditan que las horas extra se realizaron de forma continuada durante los últimos dos años.

La empresa se opone alegando que:

1. El finiquito tiene pleno efecto liberatorio general: al firmarlo, Pedro renunció a cualquier reclamación posterior, incluidas horas extraordinarias.
2. No procede reclamar cantidades sobre las que se ha renunciado genéricamente en un finiquito firmado sin protesta.

- ¿Posee efecto liberatorio el finiquito respecto de las cantidades derivadas de horas extraordinarias efectivamente realizadas, a las que se renuncia genéricamente en el documento sin haberse abonado cantidad alguna por tal concepto?

RESPUESTA

No. El finiquito no tiene valor liberatorio si en el mismo no se contemplan las cantidades derivadas de horas extras que consten efectivamente realizadas por el trabajador, como resulta de la aplicación de la doctrina de la Sala de lo Social del TS, manifestada, entre otras, en la STS, de 21 de julio de 2009, rec. 1067/2008, ECLI:ES:TS:2009:5363; la STS, de 10 de noviembre de 2009, rec. 475/200, ECLI: ES:TS:2009:7939 y la STS, de 27 de marzo de 2013, rec. 1325/2012, ECLI:ES:TS:2013:2127.

Según dicha doctrina, el finiquito no tiene eficacia liberatoria respecto a las horas extraordinarias cuestionadas y efectivamente realizadas desde el inicio de la relación laboral, pues al haber quedado plenamente acreditado que el trabajador realizaba habitualmente una jornada laboral de nueve horas diarias de lunes a viernes, y que de forma ocasional prestó servicios concretos los sábados y realizó durante un determinado periodo un total de 274,86 horas extraordinarias, **no es posible interpretar que haya existido un acuerdo transaccional respecto al percibo del cuantioso importe económico salarial correspondiente a tales horas, citadas de forma genérica en el documento de finiquito, que pudiera comportar la verdadera renuncia a su percibo a cambio de las otras cantidades recibidas,** las que si se comprueba resulta que corresponden en lo esencial a la indemnización por despido y a los salarios del periodo de preaviso no disfrutado.

En este mismo sentido, la STS, de 24 de julio de 2013, rec. 2588/2012, ECLI:ES:TS:2013:4488, de referencia para este caso práctico, señala que:

> «(...) **el documento de finiquito cuestionado no exterioriza inequívocamente una intención o voluntad liquidatoria de las partes, no resultando la manifestación externa de un mutuo acuerdo expresivo de un consentimiento recaído 'sobre la cosa y causa, que han de constituir el contrato'** (art. 1262 CC). No resulta creíble que el trabajador iba a considerarse finiquitado con tan exiguas cantidades, salvo las relativas a la indemnización por extinción contractual y sustitución del preaviso no disfrutado, cuando en concepto de horas extraordinarias habituales efectivamente realizadas se le debía una muy superior, según queda constatado en los hechos probados, por lo que repetido documento-finiquito no reúne los requisitos esenciales para su eficacia (art. 1265 CC) pues el consentimiento de los contratantes no puede entenderse haya recaído, sobre parte del objeto -que es hoy reclamado-, ni tuvo causa -cual es la contraprestación de la otra parte en los contratos onerosos y liberalidad en los lucrativos, según el art. 1274 CC -, de modo que al no aparecer en el finiquito la remuneración de horas extraordinarias, de realidad constatada, el efecto liberatorio de aquel no alcanza a este concepto retributivo, por lo que se ha infringido, en la sentencia recurrida, el art. 1.283 CC que preceptúa que ' cualquiera que sea la generalidad de los términos de un contrato, no deberán entenderse comprendidos en él cosas distintas y casos diferentes de aquellos sobre que los interesados se propusieron contratar'».

A TENER EN CUENTA. Finiquito de la relación laboral; Valor extintivo y liberatorio del finiquito por despido.

Caso práctico | Derecho a vacaciones en situación de demora de calificación de incapacidad permanente

PLANTEAMIENTO

Trabajador/a en situación de demora de calificación de incapacidad permanente tras agotar los 545 días de IT (365 + 180).

Se ha cursado la "baja en Seguridad Social por agotamiento de IT", no existe obligación de cotizar y el contrato aparece suspendido al amparo del art. 48.2 del ET.

Nos surgen dudas a la hora de determinar si, durante el período de demora en la calificación de incapacidad permanente (art. 174.2 de la LGSS), en el que no existe obligación de cotizar y el contrato se encuentra suspendido (art. 48.2 del ET), se devengan vacaciones y, en su caso, cómo se tratan las vacaciones ya generadas y no disfrutadas cuando posteriormente se declara la incapacidad permanente.

- En situación de demora en calificación de incapacidad permanente habiendo causado baja por agotamiento de IT sin obligación de cotizar: ¿se siguen generando vacaciones? ¿Qué ocurre con las ya devengadas?

RESPUESTA

Se trata de un tema controvertido y rodeado de inseguridad jurídica toda vez que la normativa laboral y el TS no han especificado esta cuestión. Debemos tener presente las siguientes **consideraciones:**

a) Criterio general/práctica habitual

Durante la situación de «demora de la calificación» prevista en el art. 174.2 de la LGSS —desde que se agotan los 545 días hasta el máximo de 730 días— el contrato se considera suspendido por posible mejoría de la incapacidad permanente, al amparo del apdo. 2 del art. 48 del ET.

En esta situación no subsiste la obligación de cotizar y, conforme al entendimiento mayoritario y a la práctica habitual, **no se generan nuevas vacaciones.**

El/la trabajador/a continúa percibiendo una prestación económica equivalente a la de IT, pero esa percepción no implica devengo de vacaciones ni obligación de cotizar.

> **A TENER EN CUENTA.** Este entendimiento se fundamenta en que, al estar el contrato suspendido y no existir prestación efectiva de servicios ni obligación de cotizar, no se produce el devengo de derechos como las vacaciones.

b) Vacaciones ya devengadas antes de la suspensión

Las vacaciones generadas con anterioridad a la suspensión del contrato (esto es, durante el tiempo de trabajo efectivo y/o IT inicial hasta el agotamiento de los 545 días, según el criterio que se haya aplicado hasta ese momento) **no se pierden.**

Si la relación laboral termina posteriormente por reconocimiento de incapacidad permanente, esas vacaciones ya generadas deberán:

- Disfrutarse si hubiera alguna reanudación de la relación con prestación de servicios, o

- Compensarse económicamente en el finiquito en caso de extinción contractual por IP (total, absoluta o gran incapacidad).

c) Doctrina discrepante / criterio alternativo (controvertido)

Como indicábamos al principio esta cuestión resulta controvertida, sin una respuesta cerrada por parte del Tribunal Supremo ni una previsión clara en la normativa laboral. Esto ha generado inseguridad jurídica y la aparición de criterios doctrinales diferentes:

Cierta jurisprudencia de Tribunales Superiores de Justicia (p.ej. STSJ Navarra, rec. 124/2022, de 6 de abril de 2022, ECLI:ES:TSJNA:2022:189) ha interpretado que:

- Pese a la «baja por agotamiento de IT» y a la suspensión del contrato, **materialmente seguiría existiendo una situación de IT o de asimilación a la IT durante la demora en la calificación.**

- En esa línea, la baja en Seguridad Social por agotamiento de los 545 días de IT **no implicaría la extinción de la relación laboral**, sino una continuidad de esta a efectos de determinados derechos.

- Desde este enfoque, **el derecho a la compensación de vacaciones no disfrutadas nace a la finalización de la relación laboral** (art. 147 LGSS, respecto de prestaciones, y en general la doctrina sobre el momento de liquidar vacaciones no disfrutadas), de forma que:

Mientras el contrato permanezca «vivo» (aunque esté suspendido por demora de calificación), el período podría computar a efectos de devengo de vacaciones.

Al extinguirse finalmente la relación laboral (por reconocimiento de IP u otra causa), se liquidarían las vacaciones generadas hasta esa fecha, incluyendo, según esta tesis, el periodo de demora.

> **A TENER EN CUENTA.** Este criterio no es seguido de forma uniforme ni respaldado todavía por el Tribunal Supremo para cerrar la cuestión, por lo que su aplicación dependerá de la interpretación que adopte el órgano judicial en cada caso.

A nuestro entender, desde un punto de vista prudente y atendiendo a la configuración legal de la suspensión del contrato (art. 48.2 del ET) y de la propia situación de demora del art. 174.2 de la LGSS, lo más coherente es entender que:

- El contrato está suspendido específicamente por una causa legal (demora en calificación de IP).

- No existe obligación de cotizar durante dicha suspensión.

- En las suspensiones legales por IT agotada y demora de calificación no se devengan nuevas vacaciones, del mismo modo que en otras suspensiones típicas en las que no hay prestación de servicios ni asimilación clara a tiempo de trabajo a estos efectos.

Caso práctico | Devengo en finiquito de las vacaciones tras de demora de calificación de incapacidad permanente

PLANTEAMIENTO

Salario base diario del trabajador: 60 €/día

Días de vacaciones que se devengan al año: 30 días/año

El trabajador ha agotado los 545 días de IT (365 + 180) el 31/12/2025.

Fecha de extinción del contrato por reconocimiento de IP: 30/06/2026.

El trabajador no ha disfrutado ninguna de las vacaciones generadas hasta 31/12/2025.

La empresa pretende aplicar el siguiente criterio:

- Se devengan vacaciones hasta el 31/12/2025 (agotamiento de los 545 días).
- A partir del 01/01/2026 (demora en la calificación de IP) no se generan más días de vacaciones.

¿Cómo se reflejaría en un finiquito la situación descrita?

RESPUESTA

1. Cálculo de vacaciones generadas hasta la suspensión (545 días)

a) Vacaciones del año 2024

Supongamos que estuvo trabajando y/o en IT con derecho a devengo todo el año 2024.

Días de vacaciones generados 2024: 30 días.

- Días disfrutados en 2024: 0 días.
- Pendientes de disfrutar de 2024: 30 días.

b) Vacaciones del año 2025 hasta el 31/12/2025

Se asume que la empresa aplica el criterio de que durante la IT hasta los 545 días sí se devenga (esto dependerá del criterio que se haya seguido en la empresa).

- Como el agotamiento de los 545 días se produce justo el 31/12/2025, se computa todo 2025.
- Días de vacaciones generados 2025: 30 días.
- Días disfrutados en 2025: 0 días.
- Pendientes de disfrutar de 2025: 30 días.

c) Total vacaciones generadas hasta el agotamiento de los 545 días

- 2024: 30 días

- 2025: 30 días
- Total devengado y no disfrutado a 31/12/2025: 60 días de vacaciones

2. Periodo de demora de calificación (no se generan nuevas vacaciones)

- Desde: 01/01/2026
- Hasta: 30/06/2026 (fecha de declaración de IP y extinción del contrato)
- Criterio seguido: durante este periodo de suspensión por demora de calificación no se devengan vacaciones adicionales.
- **Vacaciones generadas entre 01/01/2026 y 30/06/2026: 0 días.**

3. Vacaciones a incluir en el finiquito

- Total días de vacaciones pendientes al producirse la IP: 60 días
- Salario diario: 60 €/día

Cálculo:

- Indemnización por vacaciones no disfrutadas = 60 días × 60 €/día = 3.600 €

Esta cuantía se incluiría en el finiquito bajo el concepto:

- «Vacaciones devengadas y no disfrutadas hasta 31/12/2025».

4. Cómo se reflejaría en un finiquito (esquema simplificado)

Conceptos principales (solo centrándonos en vacaciones, sin entrar en otros conceptos del finiquito: parte proporcional de pagas extra, salarios pendientes, indemnización por IP, etc.):

- Salarios pendientes de cobro: .... euros.
- Parte proporcional de pagas extraordinarias (si procede): .... euros.
- Vacaciones devengadas y no disfrutadas (60 días × 60 €/día): 3.600 euros.
- Indemnización por extinción por IP (si procede, según tipo de IP y causa): .... euros.

Total bruto finiquito: suma de todos los importes anteriores.

Caso práctico | Alcance liberatorio del finiquito en mejoras de pensiones

PLANTEAMIENTO

En enero de 2022, coincidiendo con su jubilación a los 67 años, Don Luis solicita a la empresa el complemento de jubilación previsto en el reglamento de mejora voluntaria. La empresa se niega alegando que, con el finiquito de 15 de octubre de 2025, el trabajador renunció a cualquier derecho y que, además, fue dado de baja en la póliza de seguro colectivo el mismo día del despido.

Don Luis presenta demanda reclamando:

- El reconocimiento de su derecho al complemento de pensión de jubilación previsto en el reglamento interno.

- Subsidiariamente, el valor de la provisión matemática/derecho consolidado que le correspondía en la póliza a fecha de su despido.

    1. ¿Tiene valor liberatorio el finiquito firmado en 2025 respecto de los derechos derivados de la mejora voluntaria de pensiones, impidiendo la reclamación posterior del complemento de jubilación?

    2. A la hora de afrontar el finiquito, ¿cómo podría haber cerrado con seguridad este frente litigioso la empresa?

RESPUESTA

1. ¿Tiene valor liberatorio el finiquito firmado en 2025 respecto de los derechos derivados de la mejora voluntaria de pensiones, impidiendo la reclamación posterior del complemento de jubilación?

El «valor liberatorio» del finiquito en relación con complementos de pensiones/mejoras voluntarias no es pacífico. Dependerá de si el finiquito se pronuncia o no expresamente sobre esas mejoras y del contenido de la reglamentación interna del plan o póliza.

La SAN, rec. 132/2019, de 23 de diciembre de 2021, ECLI:ES:AN:2021:5808, revela la compleja casuística de la conservación de las mejoras en los supuestos de despido en torno al valor liberatorio que cabe atribuir al finiquito según se pronuncie o no sobre los complementos de pensiones y a la incidencia que en tales cuestiones pueda tener la reglamentación interna de la empresa.

Es revelador con respecto a esta conflictividad el ATS, rec. 761/2019, de 11 de octubre, ECLI:ES:TS:2019:10607A, el cual, al hilo de la inadmisión de un recurso de casación para unificación de doctrina, se desvela la rica problemática de la cuestión y las distintas soluciones que proporcionan los tribunales. También puede citarse en relación a ello la STS de 19 de noviembre de 2014 (cas. 1221/2013), cuyo fundamento jurídico primero es bien ilustrativo al señalar que la cuestión que plantea el recurso es «(...) determinar, en el supuesto de un trabajador que es despedido con reconocimiento empresarial de improcedencia y que estaba incluido entre los beneficiarios del Reglamento de Ayuda a Pensiones denominado (...) -cuyos compromisos se garantizaron concertando la empresa un seguro colectivo con una Entidad aseguradora-, si debe entenderse justificada la decisión empresarial de dar de baja al trabajador en la póliza simultáneamente a su despido improcedente (en fecha 01- 03-2006) o si, por el contrario, el trabajador despedido tiene derecho a conservar sus posibles derechos, bien, con carácter principal, a la reposición en la situación de alta en la citada póliza con entrega de la carta de compromiso del pago del complemento, o subsidiariamente a la movilización a otro contrato de seguro del derecho consolidado (...)».

Como hemos tratado en otros supuestos analizados, la firma de un finiquito no cierra de forma automática todas las reclamaciones posibles sobre mejoras voluntarias de la Seguridad Social. Hace falta analizar:

- Lo que dice exactamente el finiquito (si menciona esas prestaciones o no).

- Lo que prevé el reglamento del plan/seguro o normativa interna respecto de:

Despido disciplinario.

Despido objetivo o colectivo.

Despido improcedente reconocido.

Bajas voluntarias, etc.

Desde el punto de vista práctico **la firma del finiquito, por sí sola y en abstracto, no impide necesariamente que el trabajador reclame después derechos derivados de compromisos por pensiones, si estos no han sido adecuadamente objeto de renuncia clara y específica y si el reglamento del plan le reconoce algún derecho consolidado o de movilización.**

A modo de ej.:

- STSJ de Madrid, rec. 606/2017, de 26 de diciembre de 2018, ECLI:ES:TSJM:2018:13570. En la sentencia se reconoce valor liberatorio porque el finiquito específicamente incluye la «total liquidación de los compromisos en materia laboral y de complementos de pensiones de la Seguridad Social».

- STSJ de Andalucía, rec. 1863/2008, 28 de mayo de 2009, ECLI:ES:TSJAND:2009:4649. En la sentencia no se reconoce valor liberatorio porque el finiquito se refería solo a cantidades ligadas a la extinción del contrato; no mencionaba la ayuda por jubilación.

Lo razonable en estos casos es que empresa y trabajador pacten expresamente el mantenimiento de ciertas mejoras en el acta de conciliación para evitar litigios futuros.

2. A la hora de afrontar el finiquito, ¿cómo podría haber cerrado con seguridad este frente litigioso la empresa?

Para que la empresa hubiera cerrado con seguridad este frente litigioso, debería haber incluido en el acuerdo una cláusula semejante a:

> «Con la cantidad X € que se abona en este acto, quedan totalmente liquidados y extinguidos los derechos del trabajador derivados del Reglamento de mejora de pensiones/jubilación y de la póliza de seguro colectivo núm. XXX, renunciando expresamente el trabajador a cualquier complemento de pensión de jubilación presente o futuro».

Al no haberse hecho de manera específica, el margen para la reclamación del trabajador permanece abierto.

Caso práctico | ¿Puede un empresario pagar en nómina el finiquito por adelantado de manera fraccionada?

PLANTEAMIENTO

¿Puede la empresa abonar mensualmente en la nómina de sus trabajadores indefinidos una cantidad fija en concepto de "adelanto de finiquito", para que, llegado el momento del despido, dicha cantidad se descuente del finiquito definitivo a pagar?

RESPUESTA

Con carácter general, el finiquito debe ponerse a disposición del trabajador el mismo día en que se le entrega la carta de despido. **Si se desea pactar un pago aplazado del finiquito, lo recomendable es hacerlo una vez extinguida la relación laboral y formalizarlo ante el SMAC, detallando claramente las cuantías y los plazos de pago.**

El adelanto fraccionado del finiquito durante la vigencia del contrato **no está previsto en la normativa laboral y presenta importantes riesgos:**

Las cantidades abonadas mensualmente podrían considerarse salario ordinario. En una eventual reclamación judicial al finalizar el contrato, la empresa podría verse obligada a volver a pagarlas, integradas en el salario, como si se tratase de retribución normal.

- Las vacaciones solo pueden abonarse al finalizar la relación laboral, en caso de no disfrute. Su pago anticipado durante la vigencia del contrato es contrario a derecho.

- La normativa sobre despido objetivo exige que la indemnización se ponga a disposición del trabajador de forma simultánea a la comunicación de la extinción. Solo de manera excepcional y restrictiva cabe diferir ese pago hasta la fecha efectiva del despido por causas económicas, cuando exista imposibilidad real de poner la indemnización a disposición en ese momento, y siempre que así se haga constar en la carta de despido [arts. 52.c) y 53 del ET].

- Las cantidades adelantadas en nómina deben cotizar y tributar, al no poder calificarse como indemnización exenta mientras no se produzca la extinción.

- El valor liberatorio del finiquito firmado en estas condiciones sería muy discutible. El trabajador conservará la posibilidad de reclamar las cantidades pendientes durante el año siguiente a la extinción del contrato (art. 59.1 del ET).

En consecuencia, no resulta aconsejable ni jurídicamente seguro articular el pago del finiquito mediante abonos fraccionados en nómina durante la vigencia del contrato. Es preferible liquidar y, en su caso, pactar el fraccionamiento del pago una vez producida la extinción y con las debidas garantías formales.

ANEXO II.
FORMULARIOS

Modelo genérico de finiquito de la relación laboral (I)

El empresario, con ocasión de la extinción del contrato, al comunicar a los trabajadores la denuncia, o, en su caso, el preaviso de la extinción de este deberá acompañar una propuesta del documento de liquidación de las cantidades adeudadas (art. 49.2 del ET).

En [LOCALIDAD], a [DÍA] de [MES] DE [AÑO]. **(1)**

DOCUMENTO DE LIQUIDACIÓN Y FINIQUITO

D./D.ª [NOMBRE_PERSONA_TRABAJADORA], con DNI [NÚMERO], recibe de la empresa [EMPRESA], la cantidad de [CANTIDAD] euros —[CANTIDAD EN LETRA]—, según desglose que abajo se especifica, causando baja en la misma por [ESPECIFICAR] quedando así indemnizado y liquidado por todos los conceptos que pudieran derivar de la relación laboral que unía a las partes y que queda extinguida, manifestando expresamente que nada más tengo que reclamar. **(2)**

A) DEVENGOS (BRUTOS)

- Indemnización .... [CANTIDAD] euros.
- Salarios pendientes .... [CANTIDAD] euros.
- Pluses .... [CANTIDAD] euros.
- Partes proporcionales de gratificaciones extraordinarias y beneficios .... [CANTIDAD] euros.
- Vacaciones .... [CANTIDAD] euros.
- [OTROS CONCEPTOS] .... [CANTIDAD] euros.

TOTAL DEVENGOS BRUTOS: [TOTAL_DEVENGO_BRUTO] **euros.**

B) DEDUCCIONES / RETENCIONES

- Cotización a la Seguridad Social (aportación trabajador) .... [CANTIDAD] euros.
- Retención a cuenta del IRPF .... [CANTIDAD] euros.
- Otras deducciones (anticipos, embargos, etc.) .... [CANTIDAD] euros.

TOTAL DEDUCCIONES: [TOTAL_DEDUCCIONES] **euros.**

C) LÍQUIDO A PERCIBIR

TOTAL LÍQUIDO A PERCIBIR: [TOTAL_LIQUIDO] **euros.**

La cantidad líquida consignada será la efectivamente percibida por la persona trabajadora, una vez practicadas las deducciones legales en concepto de cotización a la Seguridad Social y retención a cuenta del IRPF, así como cualesquiera otras que resulten procedentes conforme a la normativa vigente y/o a lo expresamente autorizado por la persona trabajadora.

Y en prueba de mi conformidad, firma el presente recibo de finiquito.

[SELLO_Y_FIRMA_EMPRESA]

La empresa

Recibí,

Fdo.: [FIRMA]

El/La trabajador/a

La persona trabajadora [SI/NO] usa de su derecho a que esté en la firma un representante legal suyo en la empresa, o en su defecto un representante sindical. **(3)**

[FIRMA]

D./D.ª [NOMBRE_REPRESENTANTE_LEGAL_TRABAJADORES]

---

(1) No existe un plazo específico para que la empresa haga llegar el finiquito al trabajador (salvo que el convenio colectivo lo establezca). El art. 59.1 del Estatuto de los Trabajadores, establece que el trabajador dispone de un año para reclamar todas aquellas cantidades que le deberían haber abonado; una vez pasado ese plazo las cantidades prescribirían.

(2) Para que el finiquito suponga aceptación de la extinción del contrato, debería incorporar (STSJ de Madrid, rec. 5534/2009, de 22 de abril de 2010, ECLI:ES:TSJM:2010:6055): la voluntad unilateral del trabajador de extinguir la relación; un mutuo acuerdo sobre la extinción, o; una transacción en la que se acepte el cese acordado por el empresario; referencia pormenorizada a los conceptos económicos saldados de forma que nada quede pendiente de pago a la extinción de la relación laboral entre las partes (tales como: el salario del mes en el que se cesa, las pagas extraordinarias, la parte proporcional de la paga de beneficios o incentivos, las vacaciones no disfrutadas o las percepciones no salariales pendientes.

(3) El art. 49.2 del Estatuto de los Trabajadores, relativo a la extinción del contrato, establece que: «*el trabajador podrá solicitar la presencia de un representante legal de los trabajadores en el momento de proceder a la firma del recibo del finiquito, haciéndose constar en el mismo el hecho de su firma en presencia de un representante legal de los trabajadores, a bien que el trabajador no ha hecho uso de esta posibilidad. Si el empresario impidiese la presencia del representante en el momento de la firma, el trabajador podrá hacerlo constar en el propio recibo, a los efectos oportunos*». Es decir, el empresario estará obligado a permitir en el momento de la firma por el trabajador del citado recibo, si éste así lo requiere, la presencia de un miembro del Comité de Empresa o Delegado de Personal. En el documento se hará constar tal circunstancia, y si el empresario impidiese la presencia del representante, el trabajador puede hacerlo constar, igualmente, en el propio recibo.

Modelo genérico de finiquito de la relación laboral (II)

El finiquito ha de incluir el salario de los últimos días trabajados del mes en el que se produzca el cese, las pagas extraordinarias, las vacaciones no disfrutadas, percepciones no salariales adeudadas, otras pagas extraordinarias reguladas en el convenio aplicable (beneficios o incentivos) y posibles indemnizaciones.

Este documento acredita la liquidación económica final entre empresa y trabajador cuando termina el contrato, cumpliendo lo previsto en el art. 49.2 del Estatuto de los Trabajadores.

En [LUGAR], a [DÍA] de [MES] de [AÑO].

RECIBO DE SALDO Y FINIQUITO

D./D.ª [NOMBRE_TRABAJADOR], mayor de edad, con DNI n.º [DNI], categoría profesional de [CATEGORÍA_PROFESIONAL], que ha venido prestando servicios para la empresa [NOMBRE_EMPRESA], con CIF n.º [CIF] y domicilio social en [DOMICILIO_SOCIAL_EMPRESA], desde el día [FECHA_INICIO_RELACIÓN] hasta el día [FECHA_FIN_RELACIÓN], y con domicilio a efectos de notificaciones en [DOMICILIO_TRABAJADOR],

MANIFIESTA

Que en el día de la fecha se extingue la relación laboral que le unía con la citada empresa por el siguiente motivo: [CAUSA_EXTINCIÓN: despido disciplinario / despido objetivo / fin de contrato temporal / baja voluntaria / mutuo acuerdo / otros].

Que, con motivo de dicha extinción, percibe de la empresa las cantidades que a continuación se detallan:

I. LIQUIDACIÓN DE HABERES

CONCEPTO IMPORTE BRUTO (€)

- Salario del período [FECHA_DESDE] a [FECHA_HASTA].
- Parte proporcional paga extra de [NOMBRE_PAGA].
- Parte proporcional paga extra de [NOMBRE_PAGA].
- Vacaciones devengadas y no disfrutadas ([NÚM] días).
- Horas extraordinarias / complementarias pendientes.
- Plus(es) o complementos pendientes:

[CONCEPTO_1].

[CONCEPTO_2].

- Otras percepciones salariales pendientes:

[CONCEPTO_3].

Subtotal haberes brutos: [IMPORTE_SUBTOTAL_HABERES] **euros.**

II. PERCEPCIONES NO SALARIALES
CONCEPTO IMPORTE BRUTO (€)

- Indemnización por fin de contrato temporal: [CUANTÍA] euros.
- Indemnización por despido [SI PROCEDE]: [CUANTÍA] euros.
- Dietas, suplidos u otras cantidades pendientes de abono:

[CONCEPTO_4]: [CUANTÍA] euros.

- Otras percepciones no salariales pendientes:

[CONCEPTO_5]: [CUANTÍA] euros.

Subtotal percepciones no salariales: [IMPORTE_SUBTOTAL_NO_SALARIAL] **euros.**

III. DEDUCCIONES

- Cotizaciones a la Seguridad Social ([PORCENTAJE] %): [CUANTÍA] euros.
- IRPF ([PORCENTAJE] %): [CUANTÍA] euros.
- Anticipos / préstamos pendientes de devolución: [CUANTÍA] euros.
- Embargos u otras deducciones legalmente procedentes: [CUANTÍA] euros.

Total deducciones: [IMPORTE_TOTAL_DEDUCCIONES] **euros.**

IV. RESUMEN FINAL

Total haberes brutos (I): [IMPORTE_SUBTOTAL_HABERES] euros.

+ Total percepciones no salariales (II): [IMPORTE_SUBTOTAL_NO_SALARIAL] euros.

– Total deducciones (III): [IMPORTE_TOTAL_DEDUCCIONES] euros.

TOTAL LÍQUIDO A PERCIBIR: [CANTIDAD_LÍQUIDA_EN_NÚMERO] **euros.**

El/la trabajador/a declara haber recibido de la empresa la cantidad arriba indicada en concepto de liquidación de haberes y, sin perjuicio de los derechos que legalmente pudieran corresponderle y que tienen carácter irrenunciable, se considera, en este acto, satisfecho/a en relación con las cantidades derivadas de la relación laboral mantenida con [NOMBRE_EMPRESA] hasta la fecha de extinción.

La firma del presente documento no implica renuncia a las acciones legales que pudieran corresponder al trabajador/a respecto de la causa, calificación o procedencia de la extinción del contrato de trabajo, ni a cualesquiera otros derechos irrenunciables reconocidos por la ley o el convenio colectivo aplicable.

Y para que así conste, y en prueba de conformidad con las cantidades liquidadas, firma el presente recibo de saldo y finiquito en el lugar y fecha indicados al inicio.

[FIRMA Y SELLO EMPRESA]

La empresa.

Recibí

[FIRMA]

D./D.ª [NOMBRE_PERSONA_TRABAJADORA].

MANIFESTACIÓN SOBRE REPRESENTACIÓN LEGAL DE LOS TRABAJADO-RES (marcar con una X la opción ejercitada)

- [ ] En presencia de mi representante legal de los trabajadores, D./D.ª [NOM-BRE_REPRESENTANTE], que firma igualmente este documento.

- [ ] Sin requerir la presencia de mi representante legal de los trabajadores, habiéndo informado la empresa de mi derecho a solicitar dicha presencia.

- [ ] En la empresa no existe representación legal de los trabajadores.

Modelo genérico de finiquito de la relación laboral (III)

A través del presente modelo de finiquito, el empleado firmante reconoce que por su parte no queda ningún saldo pendiente de recibir al momento de extinguirse su relación laboral con la empresa.

Pese a que no existe un plazo específico para que la empresa haga llegar el finiquito al trabajador, salvo que el convenio colectivo lo establezca, lo habitual en la práctica es entregar el finiquito el último día en el que el trabajador acude a su puesto de trabajo. No obstante, el trabajador dispone de un año para reclamar las cantidades que la empresa le adeuda.

RECIBO DE FINIQUITO DE LA RELACIÓN LABORAL

Recibo de finiquito n.º: [NÚMERO].

Fecha de expedición: [FECHA].

Trabajador/a: D./D.ª [NOMBRE_TRABAJADOR].
NIF: [NIF_TRABAJADOR].
Domicilio: [DOMICILIO_TRABAJADOR].

Empresa: [NOMBRE_EMPRESA].
CIF: [CIF_EMPRESA].
Domicilio social: [DOMICILIO_EMPRESA].

El/la trabajador/a arriba identificado/a ha prestado sus servicios para la empresa indicada desde el día [FECHA_INICIO] hasta el día [FECHA_FIN], con la categoría profesional de [CATEGORÍA_PROFESIONAL], y percibiendo una retribución bruta mensual (incluidas pagas prorrateadas, en su caso) de [IMPORTE_SALARIO_MENSUAL] euros.

En el momento de la extinción de la relación laboral, la empresa hace entrega al trabajador/a, y este/a declara haber recibido, la cantidad bruta total de:

1. DETALLE DE LA LIQUIDACIÓN

1.1. Salarios pendientes de pago

- Salario del período [DESDE] a [HASTA]: [IMPORTE] euros.
- Horas extraordinarias / complementarias: [IMPORTE] euros.

- Otros conceptos salariales: [DETALLE] – [IMPORTE] euros.

Total salarios pendientes: [TOTAL_SALARIOS] **euros.**

1.2. Vacaciones devengadas y no disfrutadas

- Días de vacaciones generados y no disfrutados: [NÚMERO_DÍAS] días.
- Valor económico de las vacaciones pendientes: [IMPORTE] euros.

Total vacaciones: [TOTAL_VACACIONES] **euros.**

1.3. Pagas extraordinarias

- Parte proporcional paga extra [NOMBRE_PAGA] (período [DESDE] a [HAS-TA]): [IMPORTE] euros.
- Parte proporcional paga extra [NOMBRE_PAGA]: [IMPORTE] euros.

Total pagas extraordinarias: [TOTAL_PAGAS_EXTRAS] **euros.**

1.4. Indemnización por extinción de la relación laboral

- Tipo de extinción: [DESPIDO_OBJETIVO / DESPIDO_DISCIPLINARIO / FIN_CONTRATO_TEMPORAL / BAJA_VOLUNTARIA / OTRA]. En su caso, indicar cálculo: días por año, salario diario, antigüedad, etc.)

Importe de la indemnización: [IMPORTE_INDEMNIZACIÓN] **euros.**

1.5. Otros conceptos

- Plus de transporte, distancia, etc.: [IMPORTE] euros.
- Liquidación de anticipos / préstamos: [IMPORTE] euros.
- Otras cantidades (especificar): [DETALLE] – [IMPORTE] euros.

Total otros conceptos: [TOTAL_OTROS] **euros.**

TOTAL BRUTO FINIQUITO (1.1 + 1.2 + 1.3 + 1.4 + 1.5):
[TOTAL_BRUTO_FINIQUITO] **euros.**

Deducciones

- IRPF: [IMPORTE] euros.
- Seguridad Social: [IMPORTE] euros.
- Anticipos: [TOTAL_DEDUCCIONES] €
- [OTROS]: [IMPORTE] euros.

TOTAL LÍQUIDO A PERCIBIR: [TOTAL_LÍQUIDO] **euros.**

Forma de pago: [TRANSFERENCIA / CHEQUE / METÁLICO].

Fecha efectiva de pago: [FECHA_PAGO].

2. DECLARACIÓN DEL TRABAJADOR/A

El/la trabajador/a declara:

Que ha recibido de la empresa la suma total indicada en este documento en concepto de liquidación de todas las cantidades devengadas con motivo de la relación laboral que unía a las partes y que se extingue en la fecha antes indicada.

Que, salvo indicación en contrario en el apartado siguiente, queda liquidado y, en su caso, indemnizado por todos los conceptos derivados del contrato de trabajo y de su extinción (salarios, vacaciones, pagas extraordinarias, pluses, complementos, indemnizaciones, etc.).

Que se le ha hecho entrega simultánea de la documentación de fin de contrato (certificado de empresa, nómina del mes en curso, comunicaciones de extinción, etc.), en los términos legalmente exigibles. (Se marcará lo que proceda).

[ ] Conforme: El/la trabajador/a manifiesta que está de acuerdo con las cantidades detalladas en el presente recibo de finiquito y que, en este acto, no tiene nada más que reclamar a la empresa por ningún concepto derivado de la relación laboral extinguida.

[ ] No conforme: El/la trabajador/a recibe las cantidades indicadas, pero no se muestra conforme con el contenido de este finiquito o con la causa/condiciones de la extinción, reservándose expresamente el ejercicio de cuantas acciones le pudieran corresponder en defensa de sus derechos.

3. PRESENCIA DE REPRESENTANTE LEGAL DE LOS TRABAJADORES (art. 49.2 ET)

El/la trabajador/a: **(1)**

[ ] **Sí ha solicitado** y ha contado con la presencia de un representante legal de los trabajadores / representante sindical en el momento de la firma del presente recibo de finiquito.

[ ] **No ha solicitado** la presencia de representante legal de los trabajadores / representante sindical en el momento de la firma del presente recibo de finiquito.

En [LOCALIDAD], a [DÍA] de [MES] de [AÑO].

[SELLO Y FIRMA EMPRESA]

La empresa.

Recibí

[FIRMA]

D./D.ª [NOMBRE_TRABAJADOR]

En [LOCALIDAD], a [DÍA] de [MES] de [AÑO].

---

(1) Se marcará lo que proceda. El trabajador podrá solicitar la presencia de un representante legal de los trabajadores en el momento de proceder a la firma del recibo del finiquito, haciéndose constar en el mismo el hecho de su firma en presencia de un representante legal de los trabajadores, a bien que el trabajador no ha hecho uso de esta posibilidad. Si el empresario impidiese la presencia del representante en el momento de la firma, el trabajador podrá hacerlo constar en el propio recibo, a los efectos oportunos (art. 49.2 del ET).

En caso de que el empresario hubiera impedido la presencia del representante legal de los trabajadores solicitado por el trabajador/a, este extremo podrá hacerse constar a continuación: «*El trabajador/a manifiesta que solicitó la presencia de un representante legal de los trabajadores / representante sindical y que la empresa impidió su asistencia en el momento de la firma del presente finiquito*».

Modelo genérico de finiquito prestando especial atención a la liquidación de horas extraordinarias realizadas

Modelo de finiquito en el que se liquidan expresamente horas extraordinarias.

DOCUMENTO DE LIQUIDACIÓN, SALDO Y FINIQUITO

En [CIUDAD], a [FECHA].

REUNIDOS

De una parte, la empresa [NOMBRE EMPRESA], con CIF [CIF], y domicilio en [DOMICILIO EMPRESA], representada a estos efectos por D./D.ª [NOMBRE REPRESENTANTE], en su condición de [CARGO], en adelante, "la Empresa".

Y de otra, D./D.ª [NOMBRE TRABAJADOR], con DNI [DNI] y domicilio en [DOMICILIO TRABAJADOR], en adelante, "el Trabajador".

MANIFIESTAN

Que con fecha [FECHA INICIO] el Trabajador inició la prestación de servicios para la Empresa, mediante contrato de trabajo de la categoría profesional de [CATEGORÍA], y que la relación laboral se extingue con fecha [FECHA EXTINCIÓN] por la causa [DESPIDO OBJETIVO / FIN DE CONTRATO / BAJA VOLUNTARIA / ETC.].

En este acto, la Empresa hace entrega al Trabajador de las cantidades que, en concepto de liquidación, saldo y finiquito, se detallan a continuación:

1. CONCEPTOS LIQUIDADOS

1. Salario del mes de [MES] hasta el día [DÍA]:

– [NÚMERO] días x [IMPORTE/DÍA] euros/día = [IMPORTE] **euros.**

2. Parte proporcional de pagas extraordinarias:

– Paga extra de [JUNIO/NAVIDAD/OTRA] devengada: [IMPORTE] **euros.**

– Paga extra de [JUNIO/NAVIDAD/OTRA] devengada: [IMPORTE] **euros.**

3. Vacaciones devengadas y no disfrutadas:

– [NÚMERO] días x [IMPORTE/DÍA] euros/día = [IMPORTE] **euros.**

4. Horas extraordinarias realizadas y no abonadas hasta la fecha de extinción (según registros de jornada y demás justificantes):

– Total horas extraordinarias: [NÚMERO] **horas.**

– Precio hora extraordinaria: [IMPORTE] **euros/hora.**

– Importe total horas extraordinarias: [IMPORTE TOTAL HORAS EXTRA] **euros.**

5. Indemnización por extinción del contrato: (1)

– **Concepto:** [DESPIDO OBJETIVO / IMPROCEDENTE / FIN DE CONTRATO TEMPORAL / ETC.]

– **Importe:** [IMPORTE] euros.

TOTAL BRUTO A PERCIBIR: [SUMA TOTAL] **euros.**

Sobre las cantidades precedentes se efectuarán las deducciones legales correspondientes a la aportación del trabajador a la Seguridad Social, IRPF y otras que en derecho procedan, resultando un **TOTAL LÍQUIDO A PERCIBIR de:** [IMPORTE LÍQUIDO] **euros**, que el Trabajador declara recibir en este acto mediante [TRANSFERENCIA / CHEQUE / EFECTIVO].

2. DECLARACIÓN DEL TRABAJADOR

El Trabajador declara:

1. Haber recibido de la Empresa las cantidades anteriormente detalladas, que comprende expresamente:

- Salarios pendientes
- Partes proporcionales de pagas extraordinarias.
- Vacaciones devengadas y no disfrutadas.
- **Las horas extraordinarias efectivamente realizadas y devengadas hasta la fecha de extinción, que se liquidan y abonan en este documento.**

2. Que, una vez percibidas dichas cantidades, y únicamente por los conceptos expresamente detallados en este finiquito, no tiene nada más que reclamar a la Empresa por los mismos conceptos.

3. Que firma el presente documento a los solos efectos de recibí y conformidad con las cantidades y conceptos que en él se expresan.

Y en prueba de conformidad, firman el presente documento por duplicado ejemplar y a un solo efecto, en el lugar y fecha arriba indicados.

[SELLO_Y_FIRMA_TRABAJADOR]
La Empresa.

[FIRMA]
D./D.ª [NOMBRE TRABAJADOR].

---

(1) Si procede.

Acuerdo transaccional de extinción, saldo y finiquito de relación laboral reconociendo indemnización por despido improcedente por parte de la empresa

Modelo genérico de acuerdo privado entre empresa y trabajador en materia de despido con la finalidad de evitar litigios conforme a los arts. 1255 y 1114 del Código Civil.

Mediante el presente modelo, la empresa se compromete al pago de una indemnización (por despido improcedente en el ejemplo) cuya cuantía es el resultado de lo expresamente acordado por ambas partes, siempre y cuando se realice el acto de conciliación con avenencia formalizado ante el SMAC competente, tras la presentación a instancia del trabajador de la correspondiente demanda de conciliación previa.

En estos casos:

- Será necesario validación por parte de la autoridad laboral para que la indemnización pueda quedar exenta de IRPF total o parcialmente. (STSJ de Madrid, rec. 506/2014, de 5 de febrero de 2015, ECLI:ES:TSJM:2015:448 y STSJ de Galicia, rec. 2667/2017, de 18 de octubre de 2017, ECLI:ES:TSJGAL:2017:6587).

- El trabajador queda vinculado al acuerdo por lo que no podrá acudir a los tribunales salvo existencia de dolo, fraude o incumplimiento por parte de la empresa del pago pactado. (STS n.º 420/2018, de 19 de abril, ECLI:ES:TS:2018:1710).

En [PROVINCIA], a [FECHA].

De una parte, D./D.ª [NOMBRE], con DNI n.º [NÚMERO], actuando en nombre y representación de la empresa [NOMBRE_EMPRESA] (en adelante, la «empresa»), con domicilio en [DOMICILIO_SOCIAL], y con facultades suficientes para este acto.

Y de otra, D./D.ª [NOMBRE_PERSONA_TRABAJADORA] (en adelante, el «trabajador»), mayor de edad, con DNI n.º [NÚMERO], quien actúa en su propio nombre y derecho.

Ambas partes se reconocen recíprocamente capacidad legal suficiente para obligarse y, a tal efecto,

EXPONEN

ANTECEDENTES

I.- El trabajador viene realizando servicios por cuenta ajena para la empresa, con antigüedad desde el día [DÍA], bajo el grupo profesional de [GRUPO_PROFESIONAL] y percibiendo un salario mensual (incluidas pagas extraordinarias) de [CANTIDAD] euros.

II.- Mediante carta de fecha [FECHA] y con esa misma fecha de efectos, la empresa ha procedido a extinguir el contrato de trabajo del trabajador por despido [ESPECIFICAR].

III.- Producida la extinción del contrato antes señalada, y con el firme propósito de evitar litigios, eventuales reclamaciones judiciales de resultado incierto y poner término definitivo a las consecuencias derivadas del despido, ambas partes han decidido celebrar el presente acuerdo transaccional de extinción, saldo y finiquito de la relación laboral, al amparo de los arts. 1255 y 1809 y ss. del Código Civil, con plena eficacia vinculante entre ellas.

IV.- El trabajador manifiesta haber dispuesto de tiempo suficiente para examinar el contenido de este acuerdo, haber podido recabar el asesoramiento que ha estimado conveniente (sindical, letrado u otro) y entender en su integridad su alcance jurídico y económico, suscribiéndolo de forma libre, voluntaria y consciente, sin que concurra error, dolo, violencia o intimidación, extremo relevante a efectos de su eficacia vinculante de conformidad con la doctrina del Tribunal Supremo sobre la validez de los negocios transaccionales en materia de despido

En virtud de lo anterior, las partes acuerdan las siguientes

CLÁUSULAS

PRIMERO.- Reconocimiento de la improcedencia e indemnización

La empresa reconoce expresamente la improcedencia del despido comunicado al trabajador con fecha [FECHA], manteniéndose esa misma fecha como fecha de efectos de la extinción de la relación laboral.

En consecuencia, la empresa se compromete a abonar al trabajador la cantidad de [CANTIDAD] euros, en concepto de indemnización por despido improcedente.

La cuantía fijada es el resultado de lo expresamente acordado por ambas partes, respetando la legislación vigente, y se corresponde con la indemnización legalmente prevista para el despido calificado como improcedente, sin que en ningún caso supere el límite de [ESPECIFICAR, p. ej.: 33 días/año con el tope legal]. En la medida en que se cumplan los requisitos del art. 7.e) de la LIRPF, la indemnización podrá acogerse al régimen de exención aplicable, lo que exige, en particular, la formalización del reconocimiento de la improcedencia en el oportuno acto de conciliación administrativa o, en su caso, judicial.

Tanto el reconocimiento de la improcedencia como el pago de la mencionada indemnización quedan condicionados a la efectiva realización del acto de conciliación con avenencia ante el [ORGANISMO] competente, en los términos recogidos en el presente documento transaccional. **(1)**

SEGUNDO.- Liquidación, saldo y finiquito de haberes

Asimismo, la empresa abonará al trabajador la cantidad total de [CANTIDAD] euros, correspondientes a la liquidación, saldo y finiquito de todos los conceptos salariales y extrasalariales devengados y no percibidos hasta la fecha del despido y extinción de la relación laboral (salarios pendientes, parte proporcional de pagas extraordinarias, vacaciones devengadas y no disfrutadas, y cualesquiera otros conceptos que procedan).

El abono de la cantidad en concepto de liquidación, saldo y finiquito se realizará siguiendo los siguientes parámetros:

- Plazo: [DESCRIPCIÓN].
- Cuenta bancaria: [DESCRIPCIÓN].
- Otros: [DESCRIPCIÓN].

La empresa entregará al trabajador, junto con el pago de la liquidación, documento de finiquito desglosado por conceptos, así como el certificado de empresa y demás documentación laboral y de Seguridad Social que legalmente proceda.

TERCERO.- Conciliación con avenencia ante el SMAC / órgano competente

Ambas partes, se comprometen a formalizar el presente acuerdo transaccional ante el Servicio de Mediación, Conciliación y Arbitraje competente, en el acto de conciliación a que serán citadas las partes, tras la presentación a instancia del trabajador de la correspondiente demanda de conciliación administrativa previa en materia de despido.

En el referido acto de conciliación: **(2)**

- La empresa reiterará el reconocimiento del despido como improcedente, manteniéndose [FECHA] como fecha de efectos de la extinción de la relación laboral y, en consecuencia, el ofrecimiento de pago de la indemnización por el importe total recogido en la Cláusula Primera.

- El trabajador aceptará los términos conciliatorios y las cantidades percibidas en concepto de indemnización por despido improcedente, así como las correspondientes a liquidación, saldo y finiquito, en los importes señalados en las Cláusulas Primera y Segunda del presente acuerdo.

- Ambas partes solicitarán que el acta de conciliación recoja expresamente la avenencia alcanzada y su carácter transaccional, con los efectos de cosa juzgada material y fuerza ejecutiva que le reconoce la legislación procesal laboral.

Las partes declaran conocer que la formalización de la avenencia en conciliación administrativa (o, en su caso, judicial) resulta relevante a los efectos del tratamiento fiscal de la indemnización por despido improcedente y de la posible aplicación de la exención prevista en el art. 7.e) de la LIRPF.

CUARTO.- Renuncia recíproca de acciones y alcance del finiquito

Las partes declaran que, una vez abonadas las cantidades pactadas en las Cláusulas Primera y Segunda y formalizada la avenencia en el acto de conciliación, quedarán totalmente saldadas y finiquitadas cuantas obligaciones económicas, derechos o reclamaciones pudieran derivarse del contrato de trabajo y de su extinción, a excepción —únicamente— de los derechos de Seguridad Social de carácter irrenunciable que, en su caso, pudieran corresponder al trabajador.

El trabajador, en particular, declara: **(3)**

- Que, con la firma del presente acuerdo y, en su caso, del acta de conciliación con avenencia, nada más tiene que pedir ni reclamar a la empresa, por ningún concepto (salarial, extrasalarial, indemnizatorio o de cualquier otra naturaleza) relacionado directa o indirectamente con su relación laboral o con la extinción de esta.

- Que renuncia expresa y definitivamente al ejercicio de cuantas acciones y reclamaciones administrativas o judiciales, presentes o futuras, pudieran corresponderle frente a la empresa en relación con el contrato de trabajo y su extinción, sin perjuicio de las acciones que pudieran derivarse, en su caso, de un eventual incumplimiento del presente acuerdo por parte de la empresa.

- La empresa, por su parte, declara que nada tiene que reclamar al trabajador por razón de la relación laboral ni de su extinción, quedando igualmente finiquitadas cuantas obligaciones pudiera tener frente a él, sin perjuicio de las acciones que pudiesen corresponderle en caso de incumplimiento por el trabajador de las obligaciones asumidas en este acuerdo.

Las partes manifiestan que el presente acuerdo constituye una verdadera transacción en los términos de los arts. 1809 y siguientes del Código Civil, habiendo cedido cada una de ellas en la cuantía y alcance de sus respectivas pretensiones a fin de evitar un litigio o ponerle término, y aceptan que el mismo produce efectos de cosa juzgada entre ellas, de conformidad con la doctrina del Tribunal Supremo sobre la eficacia de los acuerdos transaccionales en materia laboral.

QUINTO.- Interpretación y resolución de controversias

Cualquier discrepancia en la interpretación o cumplimiento del presente acuerdo se resolverá, en primer término, de mutuo acuerdo entre las partes y, en defecto de éste, ante los órganos jurisdiccionales del orden social que resulten competentes, sin perjuicio de que, mientras no se declare judicialmente la nulidad total o parcial del acuerdo por concurrir causa legal, el mismo desplegará todos sus efectos.

Y en prueba de conformidad, ambas partes, ratificando el contenido íntegro del presente documento, lo firman por duplicado y a un solo efecto, en el lugar y fecha arriba indicados.

[SELLO_Y_FIRMA_EMPRESA]

La empresa.

[FIRMA]

D./D.ª [NOMBRE_PERSONA_TRABAJADORA].

---

(1) Mediante esta cláusula la empresa reconoce la improcedencia y se compromete a abonar una indemnización siempre y cuando se realice un acto de conciliación con avenencia y en los términos que prevé la cláusula tercera del acuerdo. (STSJ de Madrid, rec. 506/2014, de 5 de febrero de 2015, ECLI:ES:TSJM:2015:448).

(2) Según lo acordado entre las partes. Redacción a modo de ejemplo.

(3) STS n.º 420/2018, de 19 de abril de 2018, ECLI:ES:TS:2018:1710. *«En el caso de la decisión recurrida se trata de una trabajadora altamente cualificada, con lo que -además- se negocia ampliamente una transacción en la que se acuerda una elevada indemnización por su cese en la empresa, y que la empleada suscribe con libre voluntad y plena consciencia, pero que posteriormente impugna alegando que desconocía estar encinta en tales fechas. Situación que el Tribunal considera "completamente diversa a la de contraste, por mucho que la ratio decidendi de la correspondiente Sala de suplicación hubiese versado -correcta o incorrectamente- sobre la imposibilidad legal de configurar como improcedente el despido de una trabajadora embarazada, pues ni los supuestos pueden considerarse "sustancialmente iguales" -tal como la contradicción requiere- ni la solución anulatoria del negocio transaccional en el caso de la recurrida presente la misma claridad o posibilidad que ofrece la referencial».*

Formulario de demanda en materia de despido improcedente alegando finiquito no liberatorio

Para que la firma del finiquito por parte del trabajador adquiera valor extintivo de la relación laboral y liberatorio (liberando al empresario del abono de cualquier otro concepto salarial o extrasalarial derivado de la relación laboral que no se encuentre reflejado entre las cantidades devengadas) han de cumplirse una serie de requisitos establecidos por la jurisprudencia ante el vacío legal existente.

El trabajador podrá acumular a la acción de despido la reclamación de la liquidación de las cantidades adeudadas hasta esa fecha conforme al apartado 2 del artículo 49 del Estatuto de los Trabajadores. No obstante, si por la especial complejidad de los conceptos reclamados se pudiesen derivar demoras excesivas al proceso por despido, el juzgado podrá disponer, acto seguido de la celebración del juicio, que se tramiten en procesos separados las pretensiones de despido y cantidad, para lo que dispondrá la deducción de testimonio o copia de las actuaciones y elementos de prueba que estime necesarios a fin de poder dictar sentencia sobre las pretensiones de cantidad en el nuevo proceso resultante.

El siguiente modelo permite interponer demanda por despido improcedente esgrimiendo la falta de valor libratorio del finiquito firmado.

A LA PLAZA [NÚMERO] **DE LA SECCIÓN DE LO SOCIAL DEL TRIBUNAL DE INSTANCIA DE** [LOCALIDAD] **(1)**

D./D.ª [NOMBRE_TRABAJADOR_A], en posesión del DNI [NÚMERO], mayor de edad, y con domicilio en [DOMICILIO], ante esa SECCIÓN DE LO SOCIAL DEL TRIBUNAL DE INSTANCIA comparece y, como mejor proceda en Derecho,

EXPONE

Que mediante el presente escrito formula **demanda por despido improcedente y falta de conformidad con las cantidades recibidas en concepto de finiquito**, contra la empresa [NOMBRE_EMPRESA] con domicilio social en [DOMICILIO_SOCIAL], en base a los siguientes hechos y fundamentos de Derecho

HECHOS

PRIMERO.- El demandante ha venido prestando sus servicios en la empresa demandada desde el [DÍA] de [MES] de [AÑO], bajo el grupo de [GRUPO_PROFESIONAL] y un salario de [CANTIDAD] euros, incluida/excluida la prorrata de pagas extras.

SEGUNDO.- Con fecha [DIA] de [MES] de [AÑO] la empresa demandada hizo entrega al firmante de una carta, cuya fotocopia se adjunta como doc. núm. 1, en la que se le notificaba el despido basado en [ESPECIFCAR].

TERCERO.- Los hechos alegados en la referida comunicación son inciertos ya que [ESPECIFICAR], por lo que, en consecuencia, el despido notificado, ha de ser considerado como improcedente.

CUARTO.- Con fecha [DÍA] de [MES] de [AÑO] D./D.ª [NOMBRE_TRABAJADOR_A], firmó el finiquito de su relación laboral por un importe de [CANTIDAD] euros, desglosado en los siguientes conceptos y cantidades: [ESPECIFICAR]

QUINTO.- Este finiquito no es correcto a pesar de su firma por [ESPECIFICAR] (2).

SEXTO.- El suscrito no ocupa ni ha ocupado cargo electivo sindical ni está amparado por garantías sindicales dimanantes del ejercicio de este.

SÉPTIMO.- Se ha intentado la conciliación ante el Servicio de Mediación Arbitraje y Conciliación con el resultado de [ESPECIFICAR], conforme queda acreditado por la certificación que adjunta se acompaña.

FUNDAMENTOS DE DERECHO

PRIMERO.- COMPETENCIA

Es competente la sección de lo social al que me dirijo, por tratarse de una reclamación atribuida al orden social, al amparo del artículo 2 de la Ley de la Jurisdicción Social.

SEGUNDO.- REPRESENTACIÓN

De acuerdo con lo establecido en el artículo 18 de la Ley de la Jurisdicción Social, comparezco por mí mismo/a para la defensa de mis derechos.

TERCERO.- CAPACIDAD Y LEGITIMACIÓN

De acuerdo con lo dispuesto en los artículos 16 y 17 de la Ley de la Jurisdicción Social, me encuentro capacitado/a para comparecer en juicio en defensa de mis derechos e intereses legítimos, así como legitimado/a para ejercitar las acciones correspondientes ante los órganos jurisdiccionales del orden social.

CUARTO.- PROCEDIMIENTO

El procedimiento a seguir será el estipulado en el artículo 80 y siguientes de la Ley de la Jurisdicción Social (3).

QUINTO.- FONDO DEL ASUNTO

- El Real Decreto Legislativo 2/2015, de 23 de octubre, por el que se aprueba el texto refundido de la Ley del Estatuto de los Trabajadores, y, en particular, sus artículos 54, 55 y 56.

- El Real Decreto Legislativo 2/2015, de 23 de octubre, por el que se aprueba el texto refundido de la Ley del Estatuto de los Trabajadores, y, en particular, su artículo 49.2, en relación con las cantidades que se devenguen a la finalización del contrato.

- Con carácter general la doctrina ha mantenido para la validez del efecto liberatorio del finiquito:

1) Su valor liberatorio está en función del alcance de la declaración de voluntad que incorpora y de la ausencia de vicios en la formación y expresión de ésta.

2) Hay que distinguir lo que es simple constancia y conformidad a una liquidación de lo que es aceptación de la extinción de la relación laboral.

3) En el momento en que suele procederse a esta declaración -coincidiendo con la extinción del contrato de trabajo- existe un riesgo importante de que estos dos aspectos se confundan, especialmente cuando la iniciativa de la extinción ha correspondido al empresario.

4) La ejecutividad de esta decisión, con su efecto inmediato de cese de las prestaciones básicas del contrato de trabajo, lleva a que la aceptación del pago de la liquidación de conceptos pendientes -normalmente, las partes proporcionales devengadas de conceptos de periodicidad superior a la mensual, pero también otros conceptos- coincida con el cese y pueda confundirse con la aceptación de éste.

5) La aceptación de estos pagos ante una decisión extintiva empresarial no supone conformidad con esa decisión, aunque la firma del documento parta de que se ha producido esa decisión y de sus efectos reales sobre el vínculo.

6) En realidad, para que el finiquito suponga aceptación de la extinción del contrato debería incorporar una voluntad unilateral del trabajador de extinguir la relación, un mutuo acuerdo sobre la extinción o una transacción en la que se acepte el cese acordado por el empresario».

Por su relación con el caso, interesa citar las siguientes resoluciones:

STS, rec. 3554/2011 de 12 de junio de 2012, ECLI:ES:TS:2012:4456. La Sala declara que no cabe ninguna duda que la suscripción de forma coetánea por el demandante del finiquito y de la carta de despido, haciendo constar en esta última un no conforme, supuso la aceptación de las cantidades que le eran abonadas y la disconformidad con la extinción de su contrato de trabajo, lo que conlleva a que, si cuando acciona por despido frente a la decisión extintiva comunicada, por no haberse acreditado por la empresa los incumplimientos imputados, conforme a lo dispuesto en el art. 55.4 del ET, se ha de declarar el despido como improcedente, siendo los efectos jurídicos anudados a dicha declaración los previstos en el art. 56 del ET, con una indemnización superior a la señalada en el finiquito, pues es claro que la firma de éste no tuvo efecto liberatorio sino sobre el montante allí señalado, sin que alcanzara a la extinción de su relación laboral, ni al mayor alcance que pudieran tener los efectos legalmente previstos para una extinción del contrato, contraria a derecho.

STS, rec. 34/2013 de 02 de diciembre de 2013, ECLI:ES:TS:2013:6436. Donde el Alto Tribunal especifica que no es válido, ni produce valor liberatorio el finiquito cuando está redactado en términos que inducen a error sobre la intención de las partes que lo firman.

STS, rec. 6438/2003, de 18 de noviembre de 2004, ECLI:ES:TS:2004:7490. El TS resume la doctrina sobre los documentos o recibos de Saldo y finiquito de la siguiente forma:

«I. El finiquito es, según el Diccionario de la Lengua española, "remate de cuentas o certificación que se da para constancia de que están ajustadas y satisfecho el alcance que resulta de ellas" S. de 24-6-98, rec. 3464/97 [RJ 1998, 5788]). No esta sujeto a "forma ad solemnitatem". Y su contenido, que es variable, puede hacer referencia bien al percibo de una determinada cantidad salarial, bien a la liquidación de las obligaciones, principalmente de carácter patrimonial, que se realiza con motivo de la extinción de la relación laboral; o, por último, a la propia extinción de la relación contractual, a la que, usualmente, se une una manifestación de las partes de no deberse nada entre sí y de renuncia a toda acción de reclamación [ss. de 28-2-00 (rec. 4977/98 [RJ 2000, 2758]) de Sala General y 24-6-98 (rec. 3464/97 [RJ 1998, 5788]) entre otras].

II. Por lo que se refiere a la liquidación de obligaciones, se conceptúa el finiquito como aquel documento que incorpora una declaración de voluntad del trabajador expresiva de su conformidad de que mediante el percibo de la "cantidad saldada" no tiene ninguna reclamación pendiente frente al empleador [SS. de 11-11-03 (rec. 3842/02 [RJ 2003, 8809]) y 28-2-00 , ya citada].

Y en lo que concierne a la extinción del vínculo laboral, el finiquito es la manifestación externa de un mutuo acuerdo de las partes -que constituye causa de extinción de la relación laboral, según el artículo 49.1.a) ET-; es decir, expresión de un consentimiento, que, en principio, debe presumirse libre y conscientemente emitido y manifestado -por lo tanto sin vicios que lo invaliden- y recaído sobre la cosa y causa, que han de constituir el contrato, según quiere el artículo 1262 del Código Civil (S. de 28-2-00). Y por ello, para que el finiquito suponga aceptación de la extinción del contrato, debería incorporar una voluntad unilateral del trabajador de extinguir la relación, un mutuo acuerdo sobre la extinción, o una transacción en la que se acepte el cese acordado por el empresario (SS. de 24-6-98 antes citada y 26-11-01, rec. 4625/00).

III. Por regla general, debe reconocerse a los finiquitos, como expresión que son de la libre voluntad de las partes, la eficacia liberatoria y extintiva definitiva que les corresponda en función del alcance de la declaración de voluntad que incorporan [cfr. las referidas sentencias de 11-11-03, 28-2-00 y 24-6-98 y de 30-9-92 (rec. 516/92) entre otras].

El reconocimiento de tal eficacia no conculca el artículo 3.5 ET, pues una cosa es que los trabajadores no puedan disponer válidamente, antes o después de su adquisición, de los derechos que tengan reconocidos por disposiciones legales de derecho necesario o por Convenio Colectivo, y otra la renuncia o disponibilidad de derechos que no tengan esa naturaleza -entre los que se encuentran la renuncia del puesto de trabajo y las consecuencias económicas derivadas-. Una limitación al efecto, violaría el derecho, concedido al trabajador por el artículo 49.1 a) y d) ET, a extinguir voluntariamente el contrato o a conciliar sus intereses económicos con el empleador, y, también infringiría la norma común de contratación establecida en el artículo 1256 del Código Civil que únicamente sanciona con nulidad el contrato cuyo cumplimiento quede al arbitrio de una de las partes contratantes (SSTS 23-6-86, 23-3-87, 29-2-88, 9-4-90 y 28-2-00).

IV. Ahora bien, esa eficacia jurídica que con carácter general se atribuye a tales pactos, no supone en modo alguno que la formula de "saldo y finiquito" tenga un contenido o carácter sacramental con efectos preestablecidos y objetivados, de modo que aquella eficacia se imponga en todo caso, abstracción hecha de las circunstancias y condicionamientos que intervienen en su redacción. Al contrario, habrá de tenerse en cuenta:

a) De un lado, que el carácter transaccional de los finiquitos (art. 1.809 del Código Civil en relación con los arts. 63, 67 y 84 LPL) exige estar a los limites propios de la transacción, de modo que los actos de disposición en materia laboral han de vincularse a la función preventiva del proceso propia de aquella; y aun en ese marco, la Ley ha establecido las necesarias cautelas para evitar que, casos de lesión grave, fraude de Ley o abuso de derecho prevé el art. 84.1 LPL (S. de 28-4-04, rec. 4247/2002[RJ 2004, 4361]).

b) De otro, que los vicios de voluntad, la ausencia de objeto cierto que sea materia del pacto, o la expresión en él de una causa falsa, caso de acreditarse, privarían al finiquito de valor extintivo o liberatorio (SS. de 9-3-90, 19-6-90, 21-6-90 y 28-2-00), al igual que ocurrirá en los casos en que el pacto sea contrario a una norma imperativa, al orden público o perjudique a terceros (S. de 28-2-00) o contenga una renuncia genérica y anticipada de derechos contraria a los arts. 3.5 ET y 3 LGSS (S. de 28-4-04, citada). Para evitar, en lo posible, que se produzcan tales situaciones, el trabajador cuenta con los mecanismos de garantía que instrumentan los arts. 49.1 y 64.1.6° ET (S. de 28-2-00).

c) Finalmente, que es posible también que el documento no exteriorice, inequívocamente, una intención o voluntad extintiva o liquidatoria de las partes (S. de 13-10-86), o que su objeto no esté suficientemente precisado, como exige el art. 1815.1 del CC. De ahí que las diversas fórmulas que se utilizan en tales documentos están sujetas a los reglas de interpretación de los contratos del Código Civil que, entre otros cánones, obligan a estar al superior valor que el art. 1.281 atribuye a la intención de las partes sobre las palabras, y a la prevención del art. 1.289 de que no deberán entenderse comprendidos cosas distintas y casos diferentes de aquellos sobre los que los interesados se propusieron contratar (SS. de 30-9-92, 24-6-98 y 26-11-01).

V. Ha sido precisamente la interpretación de los correspondientes finiquitos la que ha llevado a esta Sala a negarles en repetidas ocasiones la eficacia que, por lo general, les reconoce. Así:

a) Ha rechazado su valor extintivo en las sentencias de 24-6-98, "porque los términos (del finiquito) se concretan al reconocimiento del pago de la liquidación y, desde luego, a la conformidad con ésta, pero sólo respecto a las retribuciones que la trabajadora tendría derecho a percibir como consecuencia de la relación de trabajo a la que puso fin la denuncia empresarial del término"; 13-10-86, porque no se exteriorizaba inequívocamente la voluntad extintiva; y 19-6-90, porque se finiquitó por causa ilícita como contrato temporal uno que ya era indefinido en la fecha del pacto.

b) Y ha negado su eficacia liberatoria, en casos de deudas que habían nacido con posterioridad a la firma del finiquito y derivaban de una posterior modificación del Convenio Colectivo con efectos retroactivos (SS. 21-12-73, 2-7-76, 11-6-87 y 30-9-92); de renuncias genéricas de futuro a una indemnización por incapacidad permanente que todavía aun no había sido reconocida (SS. de 31-5-85 28-11-86, 6-5-87y 28-4-04); o en aquellos casos en que se pretendía incluir una mejora complementaria de SS, a cargo de la Aseguradora, para la incapacidad parcial declarada con posterioridad a la firma del finiquito (S. de 25-9-02) o a cargo del propio Régimen de Previsión Social de la empresa (S. de 11-11-03); o, en fin, respecto de deudas importantes por horas extraordinarias y otros pluses, no recogidas expresamente en el finiquito y que no derivaban de la ordinaria relación laboral, en atención a la escasa cuantía de las cantidades pactadas en el recibo y a que los contratos finiquitados se habían concertado a media jornada, y, no obstante, los trabajadores habían realizado habitualmente una jornada de nueve horas diarias y con la necesidad de frecuentes desplazamientos (S. de 28-2-00)».

Otras resoluciones en la materia que apoyan nuestra pretensión: **STS n.º 319/2010, de 22 de abril, ECLI:ES:TS:2010:6055; STS, rec. 1067/2008, de 21 de julio de 2009, E4CLI:ES:TS:2009:5363; y STS, rec. 3256/2007, de 18 de febrero de 2009, ECLI:ES:TS:2009:1062.**

Por lo expuesto,

SUPLICO:

Teniendo por presentada esta demanda con sus copias y documentos que se acompañan, la admita a trámite, convoque a las partes a juicio en la debida forma y celebrado éste dicte sentencia por la que, **reconociendo la improcedencia del despido y las cantidad de** [CANTIDAD] **euros en concepto de finiquito,** condene a la demandada a que a su elección, y conforme a lo dispuesto en el artículo 56 del Estatuto de los Trabajadores, proceda a la readmisión del demandante o al pago de la indemnización legalmente establecida, con abono en ambos casos de los salarios dejados de percibir desde que el despido tuvo lugar.

Por ser justicia, a [FECHA], en [LOCALIDAD].

[FIRMA]

OTROSÍ DIGO: en la celebración de la vista del juicio, compareceré asistido y defendido por el/la Letrado/a Sr./Sra. D./D.ª [NOMBRE_LETRADO_O_GRADUADO_SOCIAL], señalándose a efectos de citaciones y notificaciones el domicilio de este, sito en [DOMICILIO_DESPACHO].

En su virtud,

SUPLICO:

Tenga por hecha dicha manifestación, siendo justicia que reitero, en el lugar y hora indicado con anterioridad.

Por ser justicia, fecha y lugar *ut supra*.

[FIRMA]

---

(1) Por la reforma operada por la LO 1/2025, de 2 de enero, una vez implantados de forma efectiva los tribunales de instancia (D.T. 1.ª), todas las referencias realizadas a los juzgados unipersonales se entenderán hechas a las secciones del orden jurisdiccional correspondiente de los tribunales de instancia.

(2) Consignar la falta de alcance y contenido del pacto o acuerdo manifestado en un documento de finiquito. A modo de ejemplo: *«la existencia de sucesivos contratos temporales con firma de finiquito a la finalización de cada uno de ellos»/ «la extinción fue motivada por un periodo de prueba no pactado por escrito», «no contener expresamente el efecto extintivo de la relación laboral», «contener una liquidación inferior a la que legalmente corresponde de ... euros», «que en el momento de la firma del finiquito el trabajador se encontraba en una especial situación anímica», «haber existido una intimidación», «presión por parte del empresario para su firma consiente en ... », «contrato temporal por acumulación de tareas sin especificar cuáles eran éstas», etc.*

(3) El art. 80 de la LRJS ha sido modificado por la LO 1/2025, de 2 de enero, de modo que, con efectos desde el 3 de abril de 2025, el contenido del antiguo apartado 3 (suprimido) ha pasado a integrar la actual redacción del apartado 2.

Escrito de conciliación ante el SMAC por despido improcedente quitando valor liberatorio al documento de saldo y finiquito

Para que la firma del finiquito por parte del trabajador adquiera valor extintivo de la relación laboral y liberatorio han de cumplirse una serie de requisitos establecidos por la jurisprudencia ante el vacío legal de la normativa.

El trabajador podrá acumular a la acción de despido la reclamación de la liquidación de las cantidades adeudadas hasta esa fecha conforme al artículo 49.2 del Estatuto de los Trabajadores. No obstante, si por la especial complejidad de los conceptos reclamados se pudiesen derivar demoras excesivas al proceso por despido, el juzgado podrá disponer, acto seguido de la celebración del juicio, que se tramiten en procesos separados las pretensiones de despido y cantidad, para lo que dispondrá la deducción de testimonio o copia de las actuaciones y elementos de prueba que estime necesario a fin de poder dictar sentencia sobre las pretensiones de cantidad en el nuevo proceso resultante.

El presente escrito permite la solicitud de conciliación previa ante el SMAC con anterioridad a la presentación de demanda por despido improcedente solicitando la falta de valor liberatorio del finiquito firmado.

AL SERVICIO DE MEDIACIÓN, ARBITRAJE Y CONCILIACIÓN DE [PROVINCIA]

D./D.ª [NOMBRE_ABOGADO_CLIENTE], abogado/a (graduado social), colegiado con el n.º [NUMEROCOLEGIADO_ABOGADO_CLIENTE], en nombre y representación de D./Dña. [NOMBRE_CLIENTE], mayor de edad, poseedor del DNI n.º [NIF_CIF_DNI_CLIENTE], y vecino de [LOCALIDAD], con domicilio en calle [CALLE], ante el Servicio de Mediación, Arbitraje y Conciliación de [PROVINCIA], comparezco y

DIGO

Que, por medio del presente escrito, vengo a presentar **PAPELETA DE CONCILIACIÓN EN MATERIA DE DESPIDO IMPROCEDENTE Y FALTA DE CONFORMIDAD CON LAS CANTIDADES RECIBIDAS EN CONCEPTO DE FINIQUITO (1)**, contra la empresa [NOMBRE_EMPRESA], dedicada a la actividad de [ACTIVIDAD_EMPRESA], provista de CIF [CIF], y con domicilio social en [DOMICILIO_SOCIAL]. Solicitud que se basa en los siguientes

HECHOS

PRIMERO.- El demandante ha venido prestando sus servicios en la empresa demandada desde el [DÍA] de [MES] de [AÑO], bajo el grupo de [GRUPO_PROFESIONAL] y un salario de [CANTIDAD] euros, [INCLUIDA/EXCLUIDA] la prorrata de pagas extras.

SEGUNDO.- Con fecha [DÍA] de [MES] de [AÑO], la empresa demandada hizo entrega al firmante de una carta, cuya fotocopia se adjunta como doc. n.º 1, en la que se le notificaba el despido basado en [ESPECIFICAR].

TERCERO.- Los hechos alegados en la referida comunicación son inciertos ya que [ESPECIFICAR], por lo que, en consecuencia, el despido notificado, ha de ser considerado como improcedente.

CUARTO.- Con fecha [DÍA] de [MES] de [AÑO], D./Dña. [NOMBRE_PERSONA_TRABAJADORA] firmó el finiquito de su relación laboral por un importe de [CANTIDAD] euros, desglosado en los siguientes conceptos y cantidades: [ESPECIFICAR]. **(2)**

QUINTO.- Este finiquito no es correcto a pesar de su firma por las siguientes razones: **(3)**

– [ESPECIFICAR si existe liquidación inferior a la que legalmente corresponde: por ejemplo, falta de abono de vacaciones devengadas, pagas extra, diferencias salariales, pluses, etc.].

– [ESPECIFICAR si el documento no contiene expresión clara del carácter extintivo ni de renuncia a acciones].

– [ESPECIFICAR si el trabajador no fue informado adecuadamente del contenido ni de las consecuencias jurídicas de la firma, bien por falta de asesoramiento, bien por dificultad idiomática o de comprensión].

– [ESPECIFICAR si en el momento de la firma el trabajador se encontraba en situación de presión, intimidación, necesidad económica intensa o especial vulnerabilidad que afectó a su consentimiento].

– [ESPECIFICAR otros extremos relevantes: firma simultánea a la entrega de la carta de despido sin tiempo para reflexión, falta de entrega de copia, lectura rápida o incompleta del documento, etc.].

SEXTO.- El suscrito no ocupa ni ha ocupado cargo electivo sindical ni está amparado por garantías sindicales dimanantes del ejercicio de este.

SÉPTIMO.- Se ha intentado la conciliación ante el **Servicio de Mediación Arbitraje y Conciliación** con el resultado de [ESPECIFICAR], conforme queda acreditado por la certificación que adjunta se acompaña.

Por lo expuesto,

SOLICITO AL SERVICIO DE MEDIACIÓN, ARBITRAJE Y CONCILIACIÓN DE [PROVINCIA]**:**

Teniendo por presentada esta papeleta de conciliación, cite en legal forma a la empresa [NOMBRE_EMPRESA] en la persona de su legal representante o persona autorizada en derecho, al objeto de que en la preceptiva conciliación se avenga en reconocer la improcedencia del despido notificado el [DÍA] de [MES] de [AÑO] con fecha de efectos de [DÍA] de [MES] de [AÑO] y las cantidad de [CANTIDAD] euros en concepto de finiquito, para que a su opción, y conforme a lo dispuesto en el artículo 56 del Estatuto de los Trabajadores, proceda a la readmisión del demandante en su puesto de trabajo con las condiciones inherentes a las de indefinido, o al pago de la indemnización legalmente establecida, con abono en caso de readmisión, de los salarios dejados de percibir desde el día [DÍA] de [MES] de [AÑO].

En [LOCALIDAD], a [DÍA] de [MES] de [AÑO].

[FIRMA]

---

(1) Recordar que la papeleta de conciliación por despido debe presentarse dentro del plazo de 20 días hábiles desde la fecha de efectos del despido. La presentación de la papeleta interrumpe el cómputo del plazo para la demanda judicial.

(2) Especificar salario del mes en curso, parte proporcional de pagas extraordinarias, vacaciones devengadas y no disfrutadas, horas extras, indemnización por despido, otros conceptos.

(3) Consignar la falta de alcance y contenido del pacto o acuerdo manifestado en un documento de finiquito. Redacción a modo de ejemplo. (STS, rec. 1067/2008, de 21 de julio, ECLIES:TS:2009:5363; STS, rec. 3554/2011, de 12 de junio, ECLI:ES:TS:2012:4456; STS, rec. 34/2013, de 2 de diciembre, ECLI:ES:TS:2013:6436).

Modelo orientativo de documento de liquidación (finiquito) tras el agotamiento de 545 días de prestación de incapacidad temporal

Según el art. 174 de la LGSS, a los 545 días de IT se extingue el subsidio de IT. Ante esta situación la empresa debe cursar la baja en Seguridad Social (no se sigue cotizando mientras dure el periodo de prolongación de efectos económicos hasta que el INSS califique la incapacidad).

A continuación, proponemos modelos orientativos, adaptados a la doctrina de la STS n.º 1157/2025, de 27 de noviembre, ECLI:ES:TS:2025:5425, para la liquidación (finiquito) de cantidades tras el agotamiento de 545 días de prestación de incapacidad temporal conforme al art. 174 del LGSS.

DOCUMENTO DE LIQUIDACIÓN DE HABERES

(Agotamiento del período máximo de Incapacidad Temporal – art. 174 LGSS). (1)

En [CIUDAD], a [FECHA].

REUNIDOS

De una parte, [NOMBRE_EMPRESA], con CIF [NÚM], y domicilio en [DIRECCIÓN], representada a estos efectos por D./D.ª [NOMBRE], en su calidad de [CARGO].

Y de otra parte, D./D.ª [NOMBRE_PERSONA_TRABAJADORA], con DNI [NÚM], con domicilio en [DIRECCIÓN[], que presta servicios para la empresa desde el [FECHA] con la categoría profesional de [CATEGORÍA].

MANIFIESTAN

Primero.– Que con fecha [FECHA] el/la trabajador/a inició un proceso de incapacidad temporal, y que con fecha [FECHA] se ha producido el agotamiento del plazo máximo de 545 días naturales de dicha situación, conforme al artículo 174 del Texto Refundido de la Ley General de la Seguridad Social.

Segundo.– Que, como consecuencia de lo anterior, la empresa ha procedido a cursar la baja en la Seguridad Social del/de la trabajador/a a efectos de la gestión de la prestación y de las obligaciones de cotización, sin que tal actuación comporte la extinción del contrato de trabajo, que queda en la situación que proceda en derecho, vinculada a la resolución que en su caso pueda dictar el Instituto Nacional de la Seguridad Social sobre una eventual incapacidad permanente.

Tercero.– Que, a la fecha indicada de agotamiento del período máximo de incapacidad temporal, el/la trabajador/a tiene pendientes de percibir de la empresa las siguientes cantidades:

- Salario del período del [FECHA] al[FECHA]: [CANTIDAD] euros.
- Parte proporcional de pagas extraordinarias devengadas y no abonadas hasta esa fecha: [CANTIDAD] euros.
- Vacaciones devengadas y no disfrutadas hasta esa fecha (en su caso): [CANTIDAD] euros.

- Otros conceptos salariales o extrasalariales debidamente identificados: [CANTIDAD] euros.

TOTAL BRUTO A PERCIBIR: [CANTIDAD] **euros.**

(Retenciones y deducciones legales que procedan: [CANTIDAD] euros).

TOTAL LÍQUIDO A PERCIBIR: [CANTIDAD] **euros.**

Cuarto.- Que la presente liquidación se refiere exclusivamente a los haberes devengados y pendientes de pago hasta la fecha de agotamiento del período máximo de incapacidad temporal, sin que las partes entiendan por firmado este documento que la relación laboral quede extinguida, ni se reconozca causa extintiva alguna.

Quinto.- Que el/la trabajador/a declara haber recibido en este acto copia del presente documento y la cuantía que en él se detalla (o, en su caso, que la misma le será abonada por transferencia en la cuenta [NÚM]), sin que dicha firma implique aceptación de la extinción del contrato de trabajo, que queda sujeta a la evolución de su situación de incapacidad y a la resolución que, en su caso, dicte el Instituto Nacional de la Seguridad Social.

Y en prueba de conformidad con el contenido de este documento, lo firman las partes por duplicado y a un solo efecto, en el lugar y fecha indicados al principio.

[FIRMA_SELLO_EMPRESA]

La empresa

[FIRMA]

D./D.ª [NOMBRE_PERSONA_TRABAJADORA]

---

(1) Se deja abierta la situación laboral a la resolución futura del INSS sobre la posible incapacidad permanente, coherente con el esquema del art. 174 LGSS y con el razonamiento de la STS n.º 1157/2025, de 27 de noviembre, ECLI:ES:TS:2025:5425.

Carta comunicando la realización de transferencia bancaria para el pago de finiquito ante falta de recepción por parte del trabajador

A la finalización del contrato de duración determina por expiración del tiempo convenido, excepto en los contratos formativos y el contrato de duración determinada por causa de sustitución, la persona trabajadora tendrá derecho a recibir una indemnización de cuantía equivalente a la parte proporcional de la cantidad que resultaría de abonar doce días de salario por cada año de servicio, o la establecida, en su caso, en la normativa específica que sea de aplicación.

Los contratos de duración determinada que tengan establecido plazo máximo de duración, incluidos los contratos formativos, concertados por una duración inferior a la máxima legalmente establecida, se entenderán prorrogados automáticamente hasta dicho plazo cuando no medie denuncia o prórroga expresa y el trabajador continúe prestando servicios.

Expirada dicha duración máxima, si no hubiera denuncia y se continuara en la prestación laboral, el contrato se considerará prorrogado tácitamente por tiempo indefinido, salvo prueba en contrario que acredite la naturaleza temporal de la prestación.

Si el contrato de trabajo de duración determinada es superior a un año, la parte del contrato que formule la denuncia está obligada a notificar a la otra la terminación de este con una antelación mínima de quince días [art. 49.1.c) del ET].

El presente modelo permite acreditar que la empresa ha puesto a disposición del trabajador su finiquito, cuando el contrato temporal ya ha finalizado y el trabajador no acude a la empresa a firmar el finiquito, o no pasa a recoger personalmente las cantidades que se le adeudan.

En [LUGAR], a [DIA] de [MES] de [AÑO].

[NOMBRE_EMPRESA].

Sr./Sra. D./D.ª [NOMBRE_PERSONA_TRABAJADORA]

Muy Sr./Sra. mío/a:

Por medio del presente documento le reiteramos la comunicación que a fecha [FECHA] finalizó, por expiración del tiempo convenido de conformidad con lo dispuesto en el artículo 49.1.c) del Estatuto de los Trabajadores, el [TIPO DE CONTRATO DE DURACIÓN DETERMINADA] para la cual Vd. había sido contratado el pasado [FECHA]. **(1)**

Tal y como se le indicaba en la carta de preaviso por finalización de contrato entregada el día [FECHA_PREAVISO], Vd. debía personarse en nuestras oficinas a fin de proceder a la firma del documento de liquidación, saldo y finiquito y a la recogida de las cantidades puestas a su disposición.

No habiéndose personado hasta la fecha en el domicilio de la empresa y con la finalidad **dejar constancia fehaciente de la extinción de la relación laboral por expiración del tiempo convenido, así como de la puesta a disposición y pago de las cantidades que le corresponden en concepto de liquidación, saldo y finiquito,** a los efectos de acreditar el correcto cumplimiento por parte de la empresa de sus obligaciones lega-les ante cualquier eventual reclamación administrativa o judicial, incluida una posible reclamación de cantidad o impugnación de la extinción contractual, **procederemos a efectuar una transferencia bancaria a la cuenta corriente facilitada por Vd. a efectos de cobro de sus salarios**, por importe de [IMPORTE_TOTAL_FINIQUITO] euros ([IM-PORTE_TOTAL_FINIQUITO_EN_LETRA]), correspondiente a:

- Salarios pendientes de pago hasta la fecha de extinción.
- Parte proporcional de pagas extraordinarias.
- Vacaciones devengadas y no disfrutadas.
- Indemnización legalmente establecida por finalización de contrato de dura-ción determinada.

Quedará a su disposición en nuestras oficinas el documento de liquidación, saldo y finiquito para su firma, sin perjuicio de que, si lo estima oportuno, pueda formular las reservas o manifestaciones que considere convenientes.

Agradeciendo la colaboración prestada durante la vigencia de su relación laboral con esta empresa, reciba un cordial saludo.

Atentamente

[SELLO_Y_FIRMA_EMPRESA]

La empresa

Recibí

[FIRMA]

D./D.ª [NOMBRE_PERSONA_TRABAJADORA]

---

(1) Por expiración del tiempo convenido. A la finalización del contrato, excepto en los contratos formativos y el contrato de duración determinada por causa de sustitución, la persona traba-jadora tendrá derecho a recibir una indemnización de cuantía equivalente a la parte propor-cional de la cantidad que resultaría de abonar doce días de salario por cada año de servicio, o la establecida, en su caso, en la normativa específica que sea de aplicación